歴史秘話

外務省研修所

知られざる歩みと実態

片山和之

光文社新書

はじめに

若手養成の場

筆者は、４年間の大学生活を過ごした京都から上京して、当時東京都中野区にあった外務省弥生《やよい》寮（独身寮）に入居し、１９８３年４月１日、霞が関の外務本省で行われた入省式に臨んだ。中曽根康弘内閣総理大臣、安倍晋太郎外務大臣の時代であった。

ちなみに、筆者の生まれた１９６０年（昭和35年）に外務省新庁舎（現在の北庁舎）が霞が関に竣工している。旧庁舎が空襲で焼失した後は、日産館や大蔵省等に間借りしていた。

入省後の４ヶ月間を過ごしたのは、地下鉄丸ノ内線茗荷谷《みようがだに》駅から歩いて数分のところにあった当時の外務省研修所である。ここで、外部講師による語学授業や、外務省の現役・退官者の諸先輩や日本の第一線で活躍する学者・文化人等から、政治・経済・歴史・国際関係等の講義や外交実務、さらには茶道・華道を含めた日本文化、また、合宿所に宿泊して会食のマナーを含めたプロトコール等一般教養の研修を受けた。その他、米軍関係者との交流、在京カナダ大使館訪問、自衛隊駐屯地訪問、第3代南極観測船（初代しらせ）見学、日産や日本鋼管（当時）視察、京都・奈良視察旅行等外交官の卵として多方面からの勉強をさせてもらった。

中央省庁の各機関・施設の東京23区外への移転方針に従い、外務省研修所は、1994年に神奈川県相模大野に移転し今日に至っている。それまではこの茗荷谷の研修所が使用されていた。研修所の組織自体は、占領期の1946年に、吉田茂《しげる》外務大臣（当時）らの尽力により、いずれ来る国際社会への復帰と外交活動再開に備え、外務省員、特に若手職員の養成を目的に設立された。

旧外務省研修所

お茶の水女子大学や拓殖大学の近くにあるこの旧外務省研修所の建物を最初に見た時は、玄関の両脇に獅子の石像が置かれており、独特な雰囲気が印象的であった。建物は唐招提寺を模したと言われている。この建物が中国と深い関係にあったことは、後に知ることになる。

1920年代に中国内で激しくなった抗日・排日運動を踏

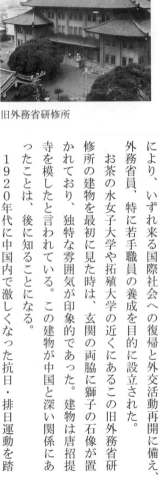

まえ、当時の日本政府は、これを緩和するための対中文化事業を実施することを考えた。そこで1900年の義和団事件の処理で中国から得た賠償金を元に、外務省に「対支文化事業特別会計」が設けられることとなった。この事業は、中国側の協力が当初の思惑通りに得られず、事業内容を再考する必要に迫られた。その一環として1929年、東洋学研究のための東方文化学院を発足させ、東京と京都の2ヶ所に研究所が設置された。

茗荷谷の外務省研修所の建物は、もともと、1933年に建造されたこの東京研究所の施設であった。設計は、東京大学安田講堂等を手がけた内田祥三《よしかず》である。鉄筋コンクリートの建物の上に日本風の屋根を載せた様式で、1982年に日本建築学会が編集した『日本近代建築総覧』では、貴重な建物2000棟の一つに選ばれている。

戦後、東方文化学院は廃止となり、東京研究所は組織的には東大東洋文化研究所に、京都研究所は京大人文科学研究所に吸収された。そして、東京に残った施設を外務省が引き取り、1946年に研修所として使うこととなった次第である。外務省研修所が相模大野に移転した後、この建物は拓殖大学が取得し、国際教育会館として現在も使用されている。

外務省研修所での4ヶ月の研修は、今振り返っても懐かしい。筆者は、外務省に入省して中国語研修を命ぜられたが、中国語については、外務公務員上級職（現在の国家公務員総合職）入省者26名のうちから筆者を含め2名、専門職入省者からは40名のうち2名の計4名が研修を命じられた。上級職は2名とも大学では法学部、専門職の方は外国語学部英語学科と独語学科出身であった。筆者は大学での第2外国語は仏語であったが、4年時に、週1回、初歩的な中国語を学んだことがあった。しかしながら、しょせん大学での第3外国語であり、片手間の学習なので、ほとんど初心者並み、残る3名はまったくの初心者で、4名とも初級クラスで「アー、アー」と声調を伴う発音を大きな声で練習するところから始まった。廊下を歩く同期研修員から冷やかされたのを覚えている。

華やかな外交の対極に位置する世界

このように、大学時代の延長的な感覚で当然のごとく受けた研修所での研修であったが、2019年1月に外務省研修所長を拝命して以降、研修所の歴史及び現在の研修内容を知るにつれ、外務省研修所が戦後のみならず、100年前の戦前からの外交官養成の不備に関する自己反省と問題意識に基づいて、先人たちの長年にわたる努力の積み重ねを経て、今日の体制を築くに至ったことを改めて認識した。2019年は、1869年8月15日に外務省が設置されてちょうど150年の節目に当たる。このような時に、たまには「切った、張った」の華やかな外交の表舞台とは対極に位置する地味な世界とも言える研修所の役割を見つめることは、意味のないことではないだろう。

本書の構成は次の通りである。まず第1章で、明治初期に創設された外務省および明治中期に誕生した外交官領事官試験制度の変遷及び戦前の外交官養成の基本的仕組みを回顧する。第2章では、戦前の教訓を踏まえて敗戦直後の内外の困難な時期にあえて設立された外務省研修所の歴史や法令・機構上の位置づけ、現状等を説明する。第3章では、外交官に求められる資質、現在の外務省研修所を中心に実施されている研修プログラムの概要、語学能力の評価基準等について紹介する。第4章では、国内の各府省庁等の主要研修施設および各国外務省研修所の概要並びに多国間協力について述べる。

なお、本書の内容は筆者の個人的見解であり、外務省の公式な立場を代表するものではない。また、現在においては必ずしも適当とは思われない表現も歴史的事実としてそのまま使用している箇所がある点をあらかじめ申し添える。

歴史秘話　外務省研修所　目次

外務省組織と機構

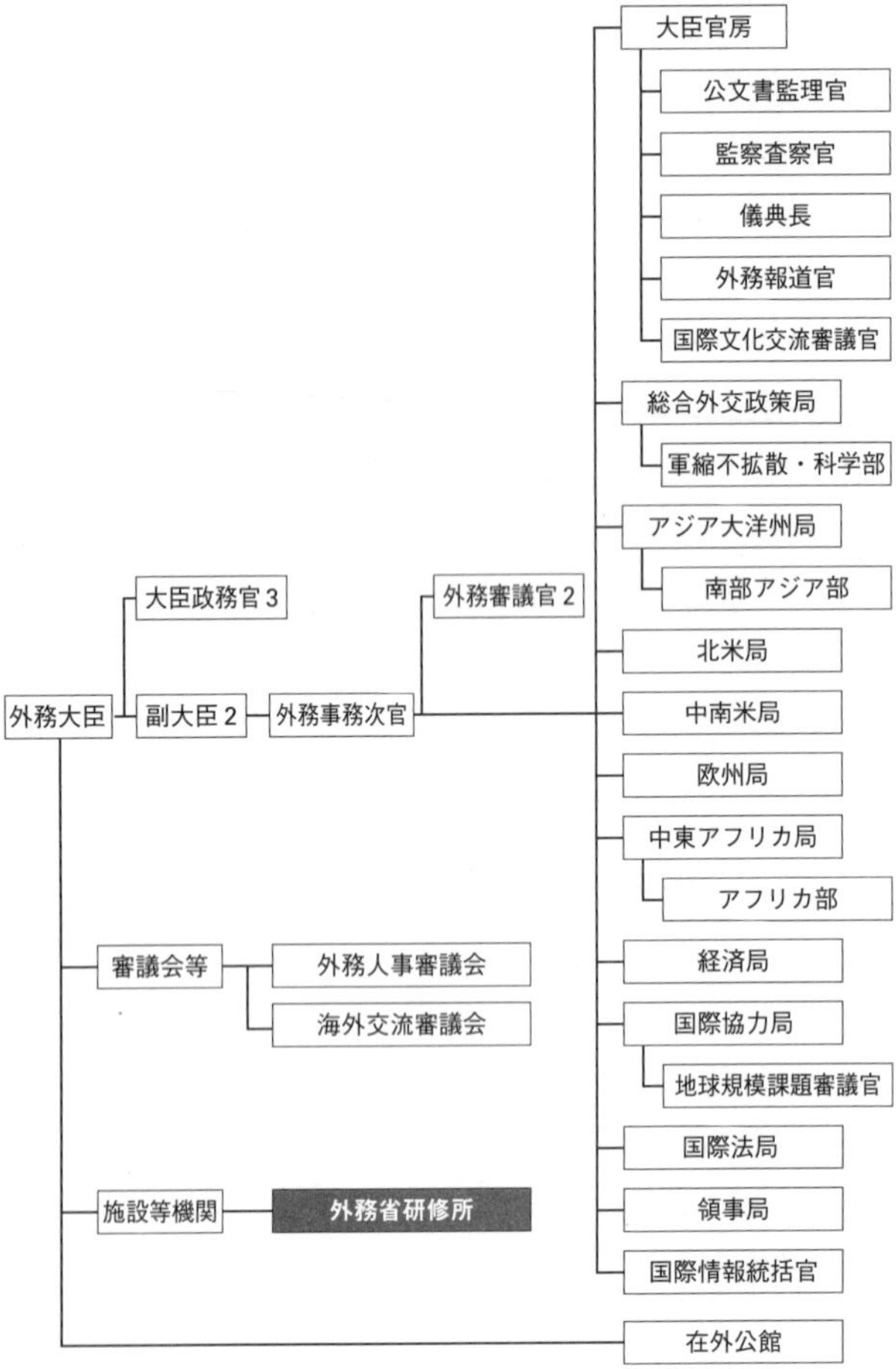

外務大臣
大臣政務官 3
副大臣 2
外務事務次官
外務審議官 2
大臣官房
公文書監理官
監察査察官
儀典長
外務報道官
国際文化交流審議官
総合外交政策局
軍縮不拡散・科学部
アジア大洋州局
南部アジア部
北米局
中南米局
欧州局
中東アフリカ局
アフリカ部
経済局
国際協力局
地球規模課題審議官
国際法局
領事局
国際情報統括官
審議会等
外務人事審議会
海外交流審議会
施設等機関
外務省研修所
在外公館

※数字は人数を表す

外務省研修所組織図

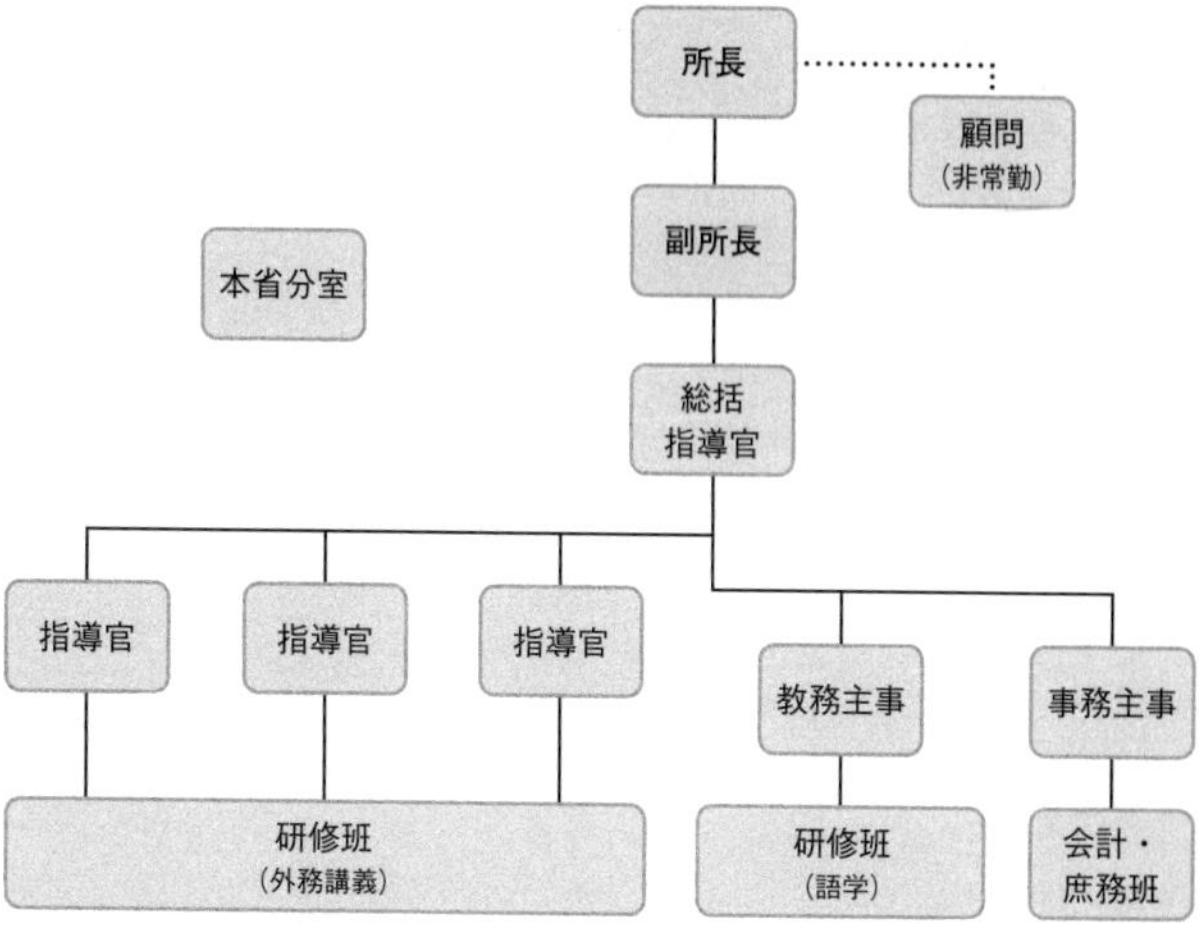
所長
顧問
（非常勤）
副所長
本省分室
総括
指導官
指導官
指導官
指導官
教務主事
事務主事
研修班
（外務講義）
研修班
（語学）
会計・
庶務班

第1章

外務省の誕生と外交官の育成

1・1　外務省の創設

明治維新とともに

明治維新が成立すると、ただちに新政府によって外交を司《つかさど》る役所が設けられた。その名称は、外国事務掛《がかり》、外国事務課、外国事務局、外国官と次々に変更され、最終的に外務省という名称が用いられたのは、1869年（明治2年）に始まった太政官制からである。すなわち、天皇を補弼《ほひつ》する最高機関として太政官が設けられ、そこに、左大臣、右大臣、大納言、参議等が設置され、太政官の下に、各々卿《きょう》を長とする民部《みんぶ》、大蔵、兵部《ひょうぶ》、刑部《ぎょうぶ》、宮内、外務の6省が置かれた。初代外務卿に任命されたのは澤宣嘉《さわのぶよし》であった。6省のうち、外務省のみが大宝律令（701年）にない新しい省であった。

外務省は発足当初築地に庁舎を構えたが、1871年に霞が関に移転し、以来今日に至るまで一時期の緊急避難的な移転を除き、基本的に場所を変えていない。その結果、霞が関は外務省の代名詞ともなり、その外交は「霞が関外交」とも呼ばれた。この場所は、江戸時代の黒田家福岡藩の上屋敷の一部であったところで、明治維新以降、一旦接収され用途を転々とした後に、民部省が庁舎にしていた。それを外務省が譲り受ける形で引き継いだ。

太政官制度は１８８５年に廃止され、同年に内閣制度が発足した。当初は、内閣総理大臣および宮内、外務、内務、大蔵、陸軍、海軍、司法、文部、農商務、逓信の各大臣をもって内閣が組織された。

（上）明治５年頃の外務省
（下）現在の外務省

ちなみに、２００１年の中央省庁再編の実施において、大蔵省が財務省に、文部省が文部科学省に組織変更になった結果、外務省は内閣制度が発足して以降も今日に至るまで一貫して名称を変えていない唯一の省となっている。

1・2　外交官試験制度はどう変化してきたか

官吏任用基準の明確化

ここで、外務省幹部候補職員の任用制度（いわゆる外交官試験）の変遷について概観してみたい。初代内閣総理大臣に就任した伊藤博文《ひろぶみ》は、それまで明治政府を率いた薩長出身者を中心とする藩閥政府への強まる批判に対し、官吏任用基準を明確にするために、1887年に、官僚の採用について定めた「文官試験試補及見習規則」を公布した。これにより高等官（現在俗に言うキャリア組）および普通文官（判任官。いわゆるノン・キャリア組）によって構成される官吏につき、試験を実施し、試用期間を置いて正式に採用する制度が始まった。

ただし、帝国大学卒業生については、高等官試験免除、私立学校卒業生については普通文官試験免除の措置が取られた。結果として、高等官については、帝国大学卒業生によって占められることとなり（学士官僚）、試験制度の形骸化が批判される事態となった。

それを受けて再び制度改革が行われ、1893年に試験任用を原則とする「文官任用令」

が成立した。それに基づき、奏任官《そうにん》（高等官の第1段階）を目指す者は、帝国大学卒業であるか否かにかかわらず、高等文官試験（正式には文官高等試験あるいは高等試験であるが、通常は高等文官試験あるいは高文試験と略された）を受けることを義務づける「文官任用令及び文官試補見習規程」が制定された。

第1回高文試験は翌年１８９４年に行われたが、試験制度導入に反対する帝国大学出身学士が受験拒否したため、６名の合格者はすべて私立専門学校出身者および下級官吏出身者であった。帝大出身者が受験した最初の高文試験は翌年の第2回試験であり、この時は、合格者37名中、25名が帝大出身者、しかも、上位10名は全員帝大法科出身者であった。

高等文官試験制度が発足した１８９３年に、外交官についても、「外交官領事官及書記生任用令」「外交官及領事官試験委員官制」及び「外交官及領事官試験規則」が制定された。日清戦争開戦後間もない翌年9月に第1回外交官領事官試験が実施され、10名が志願し４名が合格した（1名は病気欠席、１名は第1次試験、３名は第2次筆記試験、１名は口述試験にそれぞれ落第）。

当初の試験委員は次の通りである。委員長は林董《はやしただす》外務次官、委員は末松謙澄《すえまつけんちょう》高等文官試験委員長（文学博士）、栗野慎一郎《くりのしんいちろう》外務省政務局長、穂積陳重《ほづみのぶしげ》高等文官試験委員（法学博士）、

原敬《はらたかし》外務省通商局長、和田垣謙三《わだがきけんぞう》帝大法科大学教授（法学博士）、梅謙次郎《うめけんじろう》帝大法科大学教授（法学博士）の各氏である。

高等文官試験と外交官領事官試験の内容に共通性は多かったが、外交官領事官試験には、外国生活に適応できるための体格検査と外交史が試験科目に加えられた。ちなみに、官制上「外交官」の名称が初めて使われたのは、１８９０年に改正された「外交官及領事官官制」からだと言われている。それまでは、「交際官」という呼称が使われていた。

日本は、古代遣隋使・遣唐使の時代より、中国から多くの文化や制度を学んだが、採用することのなかった制度の一つが科挙であった。日本では基本的に世襲制度によって官職が継承されてきたが、ここに至ってメリット・システムによる官吏登用制度が誕生した。この制度も淵源を辿《たど》れば、中国の科挙制度が近代プロシアを経て１８８９年に帝国憲法を発布した日本に導入された由である。なお、高等文官試験は戦後の１９４８年に廃止され、人事院の行う国家公務員試験上級職（行政科）と法務省の行う司法試験（司法科）に引き継がれた。

戦前において国家公務員は官吏とそれ以外の者（雇員、傭人、嘱託等）とに区別されていた。官吏は、高等官と判任官に分かれ、高等官はさらに、親任官《しんにんかん》、勅任官《ちょくにんかん》（１等～２等）、奏任官（３等～９等）に分かれていた。親任官は天皇が直接任命する形式であり、外務省で言えば外務大臣、特命全権大使がこれに当たった。勅任官は親任官に次ぐ高等官であり、外務次官、局長、特命全権公使、大使館参事官等である。高等文官試験や外交官試験に合格して入省した者は奏任官から開始した。そして、判任官は、いわゆるノン・キャリア組で高等官の下に位置しており、外務省の場合、外務書記生試験合格採用者（現在の専門職）等がこれに当たる。優秀な者は判任官から奏任官に任用されるケースもあった。さらに、判任官の前段階として、官吏と区別されていた雇員等が存在していた。

１８８５年の時点で、政府職員（文官）数約３万９０００名強のうち、勅任官２００名、奏任官５４１７名、判任官３万３７７６名であったという。平成29年度（２０１７年度）「公務員白書」（人事院）によれば、２０１７年１月15日現在、一般職公務員在職者数は27万１４６９名で、そのうち、指定職公務員（戦前で言えばおおむね勅任官に相当）は９４８名である。

原敬の胸の内

外交官領事官試験制度が開始されたのは、陸奥《むつ》宗光《むねみつ》外務大臣・原敬通商局長時代であった。陸奥は原の能力に注目し、外務大臣に就任した１８９２年に原を通商局長に昇格させ、１８９５年には外務次官に抜擢している。原は新聞社勤務を経て、１８８２年に外務省に採用され、中、仏勤務を経て、農商務省で大臣秘書官を務めていた際に、陸奥が農商務大臣となり彼との接点ができる。その後、陸奥が外務大臣になると原も外務省に復帰する。

原は、南部藩出身で藩閥政治に対する反発も強く、公平な試験任用制度の実現に強い関心を有していた。外交官領事官試験と同じ年に外務書記生試験および外務省留学生試験（現在の専門職試験等に相当）も開始され、それぞれ6名および17名が合格した。

原は陸奥が外務大臣を辞任すると間もなく外務省を退官し、「大阪毎日新聞」社長等を経て衆議院議員（政友会）に当選し、1918年には総理大臣を務め、初の本格的政党内閣を組織する。しかしながら在任中の1921年に東京駅で暗殺される。彼は、その著書『外交官領事官制度』において、こう述べている。


抑々《そもそも》外交官領事官の職務は、一種の技術と言うべきものにして、素養なき者は到底その職に耐ふる者に非《あ》らず。恰《あたか》も軍人の素養なき者は如何に軍略を説き、又其軍略時として大いに見るべきものありとするも、到底軍隊を指揮し能《あた》はざるに同じ。これ、明治二十六年の改革（注：外交官領事官試験規則の制定）の由《よ》って起こりし所以《ゆえん》なり。

外交官領事官の任用をして恰も海陸軍人の任用の如く、全くその門戸を他と区別せしむるの必要は、理論においても実際においても之ありしなり。

その後の外交官試験制度は、独自の外交官試験を行っていた時期、高等文官試験の中の外交科として行われた時期、高等文官試験行政科に統合されていた時期、再び独自に行っていた時期を経て平成12年度（２０００年度）に第１１０回の外交官試験合格者を出したのを最後に、国家公務員試験に統合された。時代の要請に沿って変遷を遂げてきた外務省幹部候補任用試験を一覧にすると次の通りである。

（試験年次）	（試験名称）
１８９４〜１９１７年	旧外交官領事官試験
１９１８〜１９４１年	高等試験外交科（試験制度改正）
１９４２〜１９４３年	高等試験行政科（試験制度統合）
１９４４〜１９４５年	任用資格特例による採用（高等試験廃止）
１９４６〜１９４７年	高等試験行政科（試験制度復活）
１９４８〜１９５７年	外交官領事官採用試験

1958年　外交官領事官採用上級試験
1959～1984年　外務公務員採用上級試験
1985～2000年　外務公務員採用Ⅰ種試験
2001～2011年　国家公務員採用Ⅰ種試験からの採用（試験制度改正）
2012年～現在　国家公務員採用総合職試験からの採用（試験制度改正）
（注：外務省は、外交官試験が存続していた時代には試験年次を使用するのが通例であったが、2001年度試験以降は入省年次を使うのが一般的となった。ただし、右記はすべて試験年次で統一した）

「保護貿易」から「自由貿易」へ

かつての外交官試験は基本的に採用試験であった。合格すなわち採用を意味した。他方で、国家公務員上級試験は資格試験であり、合格はあくまでも採用のための必要条件であり十分条件ではなかった。採用するか否かはそれぞれの省庁によって面接等を通じて最終的に決定される。

外務省にとって個別の外交官試験を実施しその合格者を採用するのが適当か、あるいは、統一公務員試験合格者の中から採用するのが適当かは、外交官としての素養や特性、意欲を個別の試験で見極め選抜する考え方に依《よ》るか、広く公務員を志す人材一般の中から相応《ふさわ》しい優秀な者を選抜する方が適当であるとの考え方に立つかによって、それぞれ見方が異なるであろう。

外務省に関心を寄せる者が受験し、独自の試験科目で能力や適性を判断し、合格者がほぼ全員入省する外交官試験制度は、人材確保の面で比較的やりやすい面があったことは想像に難くない。他方、統一された現在の制度は、外務省が他省庁と比べさらなる魅力とやりがい、言い換えれば高い競争力を備えていれば、より広い人材供給市場から多様で優秀な人材を確保できる試験制度になったとも言えよう。言わば、リクルート市場が「保護貿易」から「自由貿易」の市場に変わったようなものである。自らに競争力があれば、より広範囲から優秀な人材を集めることができるし、競争力がないと市場の敗者にもなるということである。新制度になって約20年が経過したが、優秀な人材が外務省を目指しているとの評価と理解している。

統合された試験制度が開始されたのは、橋本龍太郎総理大臣の下で行われた行政改革の結果である。実施は、２００１年の森喜朗内閣であったが、この年に中央省庁の再編統合が行われ、従来の１府22省庁が１府12省庁に再編された。

この際、外務省は名称を含め基本的な構造を維持したが、改革の一環として従来の外交官試験（外務公務員採用Ⅰ種試験）が廃止され、国家公務員採用Ⅰ種試験に統合されることとなった。外交官試験の存在が、外務省員に根拠のない特権意識を持たせることに繋がったという批判を受けて、幹部国家公務員として各省庁職員との一体感を醸成することが目的の一つであった。

戦前の試験内容

ここで、外務省に入省するための試験内容を過去および現在につき見てみたい。1894年に開始された明治期の当初の外交官試験の内容は以下のようなものであった。

第1次試験では、日本語および外国語（英、仏、独のいずれか選択）作文、外国語（英、仏、独のいずれか選択した外国語を用いて試験委員に応答）、公文摘要（出題された文章を読み、その要点を記述）、口述要領筆記（口述を聞き、その要点を記述）の4科目。

第2次試験は、筆記と口述で、必須科目は、憲法、行政法、経済学、国際公法、国際私法の5科目。選択科目は、刑法、民法、財政学、商法、刑事訴訟法、民事訴訟法、外交史の中から1科目選ぶ。

なお、1897年に試験科目が一部変更となり、行政法が必須科目から選択科目に移行し、商業学と商業史が新たに選択科目に付け加えられた。また、選択科目が1科目から2科目に増えた。その他、体格検査も行われた。いかなる土地でも生活できる強壮な体格が必要であること、また、現代と異なる時代背景から、容貌風采も資格の一つと捉えられた。

大正から昭和戦前期の高等試験外交科の試験科目は次のようなものであった。筆記試験と口述試験があり、筆記試験合格者のみが口述試験を受ける。まず、筆記試験であるが、必須科目には憲法、国際公法、経済学、外国語（英、仏、独、中、露、西から1言語選ぶ）があった。選択科目には、哲学概論、倫理学、論理学、心理学、社会学、政治学、国史、政治史、経済史、外交史、国文および漢文、民法、商法、刑法、行政法、国際私法、財政学、商業政策、商業学があり、この中から3科目を選択する。筆記試験合格者は、外国語、国際公法および受験者志願科目の3科目につき口述試験を受ける。

日本の政治制度は戦前と戦後とで大きく変わった。その結果、官僚と国会議員である政治家との関係も本質的に変化した。例えば昭和戦前期の外務大臣は、一部軍人を除けば、専任外務大臣は、すべて外交官試験合格者であった。外交官試験合格者の中からは、幣原喜重郎《しではらきじゅうろう》（第4回外交官試験）、広田弘毅《ひろたこうき》（第15回）、吉田茂（第15回）、芦田均《あしだひとし》（第20回）といった戦前・戦後の総理大臣も輩出した。他方で、戦後の外交官試験合格者の中からは、総理大臣も外務大臣も生まれていない。

狭き門――戦後の外交官試験

話が少し横道に逸《そ》れたが、戦前の外交官試験に比べて、戦後の外交官試験はどのような内容であったのであろうか？

ここで、筆者が１９８２年に受験した外務公務員上級職試験（第92回）について紹介したい。当時、筆者は大学法学部４年生であったが、司法試験や国家公務員上級職試験（法律職や行政職）の試験科目を余り熱心に勉強しなかった。したがって、筆者にとり、独立して存在した外務公務員上級試験（外交官試験）の方が、科目も自分にとりとっつきやすく、興味の湧く勉強であった。

３年生からの約１年近くの試験勉強を経て、１９８２年、大学４年生の６月下旬に、東京と京都の２ヶ所で行われていた１次試験を京都で受験した。一般教養科目に加え、憲法、国際法、経済原論の主要３科目、そして、外交史、さらに、選択科目として行政法または民法の１科目および経済政策または財政学の１科目の計６科目の論述試験が３日間にわたって行われた。選択科目は、行政法と経済政策を選んだ。

２日目、３日目と試験会場に空席が増え、受験者が目に見えて減っていくのが分かった。受験者数は多いが、本当に真剣に受験している者は、全体の一部であることが見て取れた。国家公務員上級職試験の予行演習として受験していた者もいた。ともかく、３日間全科目をちゃんと受験するだけでも意味があると自分を奮い立たせ、初夏の蒸し暑い試験場で汗をかきながら頑張ったのを記憶している。

行政法で失敗し、ほぼ諦めかけていたが、幸運にも１次試験の合格通知の書類が７月下旬に下宿に届いた。現在のインターネットの時代では考えられないが、合格発表日の翌日の、しかもその日２回目の郵便配達の時間にやっと届いた。ただし、あくまで１次試験に合格しただけであり、この先まだ難関が待ち受けている。

２次試験準備の余裕もなく、８月上旬に上京し、外務省での２次試験に臨んだ。この時、往路は、熱海付近で架線事故のため新幹線が１時間程遅れ、帰路も岐阜羽島付近で落雷のため乗車していた列車が１時間停車した。とても縁起の悪い往復であった。

後年、橋本龍太郎内閣下で古川貞二郎《ふるかわていじろう》官房副長官（事務）の秘書官を務めていた時に、副長官から、１９５９年国家公務員試験２次試験の面接を厚生省で受けるために九州から上京した際に、途中、伊勢湾台風に遭遇し列車で36時間かけてやっとのことで東京に着いた話を伺ったことがある。話のスケールは違うが、この話を伺った際に外交官試験2次試験の体験が蘇《よみがえ》ったのを覚えている。

2次試験は月曜日から土曜日まで6日間にわたる長丁場であった。主要3科目（憲法、国際法、経済原論）の口頭試験、英語作文、総合試験、個別討論、集団討論があったと記憶する。口頭試験は、くじで順番が決められ、1日目の経済原論の試験は2番くじをひき、10〜15分程度であっという間に終わってしまい、その日の残り時間をつぶすのに苦労した。雇用問題に関する新古典派とケインジアンの考え方、自然失業率とインフレ等につき、3名の試験官の前で口頭試問を受けた。他の試験も同様であるが、試験官は3名で、うち2名は外務省が委嘱した学者、残る1名は外務省の局長クラスの幹部であった。2日目は、くじでビリをひき、午前の最後（といっても実際は正午を回っていたが）に国際法、午後の最後に憲法の試験を受けて、午後6時半頃にやっと終了した。

大学のゼミは国際法（香西茂《こうざいしげる》先生）であり、この科目には多少の自信があった。当時、この分野での学界の2大巨頭であった西の田畑茂二郎《たばたしげじろう》京大名誉教授、東の高野雄一《たかのゆういち》東大名誉教授（当時、上智大学教授）の両氏が、国際法口頭試験の面接官であったのをよく覚えている。

筆者の番では、高野教授が質問をされ、田畑教授はそばでやり取りを聞かれていた。

３日目は、総合作文と英作文が課せられた。総合作文では、「日米欧経済摩擦」または「国連と国際平和」の一つを選択しての日本語小論文、英作文は「私とスポーツ」という題であった。４日目は、身体検査があり、５日目は、個別面談が実施された。事前に提出済みの身上調査に沿って、約20分程度の質疑応答があった。

そして最終日６日目は、集団討論を、筆者を含め６名の受験者で受けた。初めに問題用紙を与えられ、15分程度考えをまとめる時間があり、その後、一人ずつ意見を述べ、自由討論を行った。テーマは、当時発生したイスラエルのレバノン侵攻であった。ディベートのように、相手を徹底的に論破する極端な議論ではなく、様々な要素を踏まえたバランスのとれた議論、また、他の参加者との間で建設的なやり取りを行うように心掛けたのを覚えている。

２次試験段階では、60名が残っていた。最終合格者は約半分になると聞いていたので、必ずしも自信はなかったが、自分としては、その時点での能力をそれなりに試験に反映できたとのある種の満足感はあり、後は運を天に任す感じであった。

２次試験の締めくくりとして、８月下旬に再度個別面接が外務省で行われた。この時に、面接官から、合格した場合、外務省に入るつもりかと聞かれたので、これは脈があると思い、もちろん、そのために受験勉強をして今日まで頑張ってきたつもりであり当然第1志望であると即座に答えた記憶がある。実際、商社や銀行への就職活動も並行して行っていたが、これは本音であった。

10月23日に最終合格発表が行われた。申込者1230名（うち1次試験全科目受験者483名）、1次試験合格者60名、最終合格者26名であった。形式倍率47・3倍、実質倍率18・6倍の狭き門であった。

現在の試験科目

このような外交官試験は廃止され、現行の国家公務員採用総合職試験となったが、その試験科目はおおむね次の通りである。院卒者試験と大卒程度試験によって多少異なるが、採用者の多い後者を見てみよう。

まず、第1次試験は公務員として必要な基礎的知能および知識を問う多肢選択式40題、専門的知識について問う多肢選択式40題が課せられ、第2次試験では専門分野の記述式、政策論文試験、人物試験、英語試験等がある。

「2019年度大学等卒業予定者等の採用について」の各省庁人事担当課長会議申し合わせ

（2019年2月13日）によれば、各省庁が共通して準拠すべき採用選考の基本方針として、基本的・専門的能力に加えて、幅広い視野を持ち、時代の変化に柔軟に対応できる多様な人材の採用に努めること、また、国民全体の奉仕者として、かつ、政府の一員としての自覚を有し、行政の公正な執行と総合的かつ効率的な運営を支える有為な人材の採用に努めることが申し合わされている。さらに、政府全体で女性の割合を国家公務員採用者および総合職採用者のそれぞれ30％以上とすることを確実に達成すること、また、多様な人材確保のために特定の試験区分に偏ることなく、多様な大学出身者から採用するよう努めることが示された。

人事院の発表によれば、2019年度の外務省採用者の試験区分を見ると、院卒者試験の場合、行政2名、大卒程度試験の場合、政治・国際7名、法律7名、経済1名、教養11名の26名、総計28名である。採用者の試験区分は年によって異なる。

ここで、大卒程度試験の区分ごとの試験科目を見てみよう。いずれの区分も第1次試験の中に基礎能力試験（多肢選択式40題）が含まれる。これは公務員として必要な基礎能力を問うものである。

政治・国際区分については、第1次試験専門多肢選択式試験の必須問題は、政治学、国際関係および憲法（25題）であり、選択問題は、行政学、国際事情、国際法、行政法、民法、経済学、財政学、経済政策のうち30題から任意の15題を解答する。第2次試験記述式については、政治学、行政学、憲法、国際関係、国際法、公共政策の6科目から3科目を選択する（国際関係または公共政策を含む選択をする場合は、その科目内から2科目選択することも可）。

法律区分については、第1次試験専門多肢選択式試験の必須問題は、憲法、行政法および民法（31題）であり、選択問題は、商法、刑法、労働法、国際法、経済学・財政学の18題から任意の計9題を解答する。第2次試験記述式については、憲法、行政法、民法、国際法、公共政策の5科目から3科目選択する。

経済区分については、第1次試験専門多肢選択式の必須問題は、経済理論、財政学・経済政策、経済事情、統計学・計量経済学（31題）であり、選択問題は、経済史・経済事情、国際経済学、経営学、憲法、民法の15題から任意の計9題を解答する。第2次試験記述式については、経済理論が必須問題で、財政学、経済政策、公共政策の3科目から2科目を選択する。上記3つの区分とも、第2次試験にはさらに政策論文試験および人物試験（個別面接）が課されている。

教養区分は、少し毛色の異なる試験であり、試験日程も異なる。例えば2019年度試験の場合、教養区分以外の総合職大卒程度試験は受験資格が21歳以上30歳未満で、第1次試験

（4月28日）、第2次試験（5月26日）、最終合格発表（6月25日）、官庁訪問（6月26日）、採用内定（10月1日）、採用（翌年4月1日）という流れで行われる。

他方、教養区分については、受験資格が20歳以上30歳未満で、20歳の者も受験できる。試験も春ではなく秋に実施されるので海外の大学等で留学中の者も帰国後に受験が可能である。すなわち、第1次試験（9月29日）、第2次試験（11月12〜20日）、最終合格発表（12月6日）、その後に官庁訪問をすることとなる。したがって、教養区分の場合は、一般的に大学3年時に受験・合格して、翌年に官庁訪問、採用内定の流れとなる。

教養区分は、多様な有為の人材確保に資するよう、受験生の有する深い教養や企画立案に係る基礎能力を十分な時間をかけて検証する試験である。専門試験は行われないので、専攻分野にかかわらず受験しやすい区分である。

教養区分第1次試験には基礎能力試験（多肢選択）の他に総合論文試験がある。後者は幅広い教養や知識を土台とした総合的判断力や思考力について筆記試験で問うものであり、政策の企画立案の基礎となる教養・哲学的な考え方や具体的な政策課題についての設問である。第2次試験は、企画提案試験、政策課題討議試験および人物試験がある。そのうち、企画提案試験は、企画力や建設的思考力および説明力を問う小論文と口述（プレゼンテーションおよび質疑応答）を内容とする。政策課題討議試験は、議題に対するグループ討議によるプレゼンテーション能力やコミュニケーション能力についての試験である。

なお、それぞれの区分の第2次試験では、外部英語試験（TOEFL、TOEIC、IELTS、英検）の結果も活用している。

2018年度国家公務員総合職院卒者試験の行政区分の申込者は550名、最終合格者は174名（3・2倍）。大卒程度試験の政治・国際区分の申込者は1365名、最終合格者は63名（21・7倍）、法律区分の申込者は1万65名、最終合格者は471名（21・4倍）、経済区分の申込者は2045名、最終合格者は194名（10・5倍）、教養区分の申込者は2928名、最終合格者は145名（20・2倍）であった。第2次試験合格者（最終合格者）は、官庁訪問を行い、各府省の面接を受けて採用が内定する。

試験制度変更の理由

外務省専門職員採用試験についても試験制度に一部変更が行われた。従来、専門試験は、憲法、国際法及び経済学3科目とも必須科目であり、それぞれの科目から3題ずつ出題され、うち、各科目とも2題を選択解答する形式であった。しかしながら、平成30年度（2018

年度）試験から次の通り変更となった。

すなわち、第1次試験は、専門試験（記述式）として必須科目は国際法のみ、選択科目として憲法または経済学のいずれか1科目を選択する。各科目3題出題され、うち、各科目とも2題を選択解答する。配点比率も従来専門試験の12分の3（25%）であったが、現行では11分の2（約18%）に低下した。その他、時事論文試験、基礎能力試験（多肢選択式）、外国語試験がある。第2次試験は、外国語試験、人物試験、身体検査が行われる。

外務省は、そのホームページで試験制度変更の理由を次のように述べている。


最近の外交需要の変化に伴い、専門職員に求められる専門性にも変化が生じています。外交分野が細分化・専門化し、法律や経済の深い専門性が求められるようになっています。このような変化に対応するため、法律や経済等の自らの専門分野をより深く学んだ受験者が受けやすい試験とするため、試験内容を見直したものです。

受験者が、憲法と経済学のどちらか得意な方で受験できるよう、また、科目数を少なくすることにより幅広い層の受験者が受験しやすくなるよう、試験内容を変更しました。

このように、外務省としては、憲法と経済学の両方を勉強した上で受験することを求めている訳ではありません。外務省では、入省後の職員向けの研修の強化を図っているところですが、入省後の研修や実務を通じて、外務公務員として必要な法律や経済の知識を習得することが可能です。

このように、最近外務省に入省する総合職および専門職省員は、試験制度の変更によって、従来の外務省入省のための試験科目で必須であった憲法、国際法、経済学あるいは外交史の一部または多くの科目を受験せずとも採用されることとなった。このことは、研修所における研修にも一定の影響を与えており、入省後の外務講義研修において、従来以上にこれら科目の集中的な講義を提供するようになっている。

1・3　外交官とは何か

外交官の定義とは?

これまで、「外交官」という表現を使ってきたが、それでは、外交官の定義は具体的に何であり、「外務職員」、「外務省職員」や「外務公務員」とどう異なるのであろうか。

外務公務員法第2条は、次に掲げる者を外務公務員と定義している。すなわち、①特命全権大使、②特命全権公使、③特派大使、④政府代表、⑤全権委員、⑥政府代表または全権委員の代理、政府代表または全権委員の顧問および随員、⑦外務職員、である。

このうち、外務職員は外務本省に勤務する一般職国家公務員のうち、外交領事事務およびその一般的補助業務に従事する者で、外務省令で定めるもの並びに在外公館に勤務するすべての一般職国家公務員を指す。外務省職員もほぼ同じ意味で使われていると考えてよいであろう。

外交官とは慣習的には、この外務公務員のうち、在外公館に勤務している者を指すことが一般的である。外交関係に関するウィーン条約第1条によれば、この条約の適用上、外交官とは、使節団の長（注：一般的には特命全権大使）または使節団の外交職員を指す。外交職員とは、使節団の職員で外交官の身分を有するものをいう。トートロジー的な定義ではあるが、本国政府から外交官として任国（大使館、政府代表部等）に派遣され、任国政府により外交官として接受されれば、職務の遂行上、外交官としての各種特権免除を享受する。例えば、身体、住居および財産の不可侵、刑事裁判権、賦課金および租税の免除等である。

したがって、日本では外交官となるためには、外務公務員となる必要があり、そのためには、現在においては一般的には、国家公務員総合職試験または国家公務員一般職試験に合格し外務省に採用されるか、あるいは外務省専門職採用試験に合格する必要がある（これら公務員試験による採用の他、一定の要件の下で行われる選考による採用者も若干名いる。また、各府省から外務省に出向して在外公館に勤務するいわゆるアタッシェも任期中は外交官として取り扱われる）。

官職に就くことができない人とは？

なお、国家公務員法第38条によれば、欠格条項として次に該当する者は、人事院規則の定める場合を除くほか、官職に就くことができない。

すなわち、①成年被後見人または被保佐人、②禁固以上の刑に処せられその執行を終わるまで、または執行を受けることがなくなるまでの者、③懲戒免職処分を受け、当該処分の日から2年を経過しない者、④日本国憲法施行の日以後において、日本国憲法またはその下に成立した政府を暴力で破壊することを主張する政党その他の団体を結成し、またはこれに加入した者、は国家公務員となることができない。

外務公務員法第7条は、これに加え日本国籍を有しない者または外国国籍を有する者は、外務公務員となることができない旨規定している。すなわち、日本国籍を有していないか、あるいは有していても二重国籍等の場合は日本の外交官たる資格がない。国籍条項は、実定法上明確に規定されていない場合であっても、公務員に関する当然の法理として、公権力の行使または国家意思の形成への参画に携わる公務員となるためには日本国籍が必要と解釈されているが、外務公務員法ではそれが明記されている。

1・4　危機意識と改革

「サイレント・パートナー」

外務省設立2年後の1871年に、外国語を使える人材の必要性から通訳官の養成機関として省内に「洋語学所」および「漢語学所」が設けられた。これらは、総称として「外務省語学所」と呼ばれたが、この語学所は1873年には、文部省に移管され、今日の東京外国語大学の前身となった。

日本の近代外交官制度は明治以降徐々に整備されていくが、戦前において外交官養成制度は結局十分なものとならなかった。外交官試験合格者は、採用されてただちに外交官補または領事官補に任用され、本省で電信や文書等のごく簡単な事務見習いを受けた後に、在外公館に派遣された。国内でも、あるいは赴任地においても特別に語学を研修する機会は一般的に与えられなかった。個別事情に応じて特定の外交官補や領事官補が赴任地の大学で研修を受けることが認められた程度であった。

その後、1905年になって、佐分利貞男《さぶりさだお》（第14回外交官試験合格者。小村寿太郎《こむらじゅたろう》の女婿。幣原喜重郎外相の片腕として活躍していたが、中国公使時代の1929年、一時帰国中、箱根富士屋ホテルで怪死を遂げる）が仏語研修のためにパリ大学に3年間留学することとなった。

これはあくまで個人的な措置であったが、その後、1908年になって外交官試験合格者に対して海外留学の命令が正式に発令された。すなわち、同年度合格者中2名（杉村陽太郎《すぎむらようたろう》および河合博之《かわいひろゆき》）が領事官補として仏リヨン領事館に配属となり、館務に従事することなくリヨン大学で4年間留学を命ぜられた（ただし、河合は2年後にパリの大学に転学）。当時の留学は、英語に加えて仏語習得を目的とするものであった。

この背景には、ポーツマス講和会議でロシア全権セルゲイ・ウィッテと交渉した小村寿太郎外務大臣が、仏語に精通していないと外交交渉上、不利不便があることを痛感して、帰国後にこの点を力説したことも影響している。しかしながら、このような留学制度も結局2回のみで中断され、在外における外交官補養成制度が日の目を見ることになるのは、第1次世界大戦後のことになる。

1919年1月に始まったパリ講和会議では戦後処理の問題の他、国際連盟をはじめ経済、交通、労働等の幅広い問題が80にも及ぶ委員会で取り扱われたが、日本全権代表団は手分けして会議に出て記録するので手一杯であったという。語学力とマルチ外交交渉に不慣れで、一部を除き、ほとんど活躍らしきものができず、「サイレント・パートナー」という不名誉な名前を付けられることとなった。

日本は、西園寺《さいおんじ》公望《きんもち》首席全権、牧野《まきの》伸顕《のぶあき》（吉田茂の岳父）次席全権他、珍田《ちんだ》捨巳《すてみ》、松井《まつい》慶四郎《けいしろう》、伊集院《いじゅういん》彦吉《ひこきち》のそれぞれ英、仏、伊各国駐箚《ちゅうさつ》大使が全権となり、官僚、軍人、民間人の随員を合計すると100名程度の規模であった。西園寺は当初病弱を理由に要請を固辞したが、最終的に受け入れた。

講和会議は1919年1月18日に開始され6月28日のベルサイユ宮殿鏡の間での条約調印まで続くが、西園寺がパリに到着したのは会議半ばの1919年3月2日であった。当時す

ベルサイユ講和会議日本全権代表団

でに70歳の老齢であり、全権の重責を実質的に果たすというよりは、若き時代に10年間を過ごしたパリへの旧懐が強かったらしく会議場に姿を見せることは少なく、重要会議に代表して出席し事実上全権団を率いたのは主に牧野の方であった。

随行者として、有田八郎《ありたはちろう》、芦田均、重光葵《しげみつまもる》、松岡洋右《まつおかようすけ》、吉田茂、佐分利貞男、斎藤博《さいとうひろし》、堀内謙介《ほりうちけんすけ》等の外務省若手官僚の他、西園寺の同行者として若き日の近衛文麿《このえふみまろ》もいた。近衛は、パリに赴く1ヶ月前、27歳の時に雑誌「日本及日本人」に「英米本位の平和主義を排す」と題する論文を寄稿している。既存の秩序に利益を見出《みいだ》す英、米、仏と現状打破を目指す独、墺は、一見前者が平和主義のように見えるが、それは持てる国がその地位を守るために単に現状維持を主張しているに過ぎない、と英米の行動をシニカルに分析している。

主要国からは全権として、ウィルソン米大統領、クレマンソー仏首相、ロイド・ジョージ英首相等が参集した。日本全権代表団は、山東権益、独領南洋群島の継承問題、人種差別問題等日本が強い関心を寄せる議題を除くと会議に主体的に参加する関心にも能力にも欠けていた。そもそも第１陣が日本を発《た》つまで、会議がどのような形式で開かれるのかすら把握できていなかった。

外務省改革の狼煙

全権団の末席に名を連ねた若手外交官たちは、このような情けない状況に対して危機意識を持ち、外務省改革の狼煙《のろし》を上げることとなる。有田八郎、重光葵、斎藤博、堀内謙介等の少壮外交官たちである。

有田八郎は、１９１６年、在外公館勤務の後、７年目にして初めて本省に戻り政務局に籍を置くが、そうこうしているうちに、講和会議の日本代表団随員の末端に加えられ、パリに赴く。現地では、重光葵とブリストル・ホテルの部屋が一緒であった。その際、日本代表団が交渉の対象となるテーマについての知識や能力もなく、英語力も劣っていることに愕然《がくぜん》とする。彼らは日本全権の事務所からほど近いチュイルリー公園の散歩時の話し合いを契機として会議開催中に外務省改革の綱領を作成した。その柱は、門戸開放、職員養成、組織拡充であった。

近衛は、1920年に出版した『戦後欧米見聞録』の中で講和会議の所感を記している。彼は、外務省部内の人間ではないが、所感の一つに外交官制度刷新の必要性を挙げている。具体的には人材登用の門戸を開放することと、外交官養成方針を改めることである。

前者については、外交官試験では毎年10名程度を採用するのみであり、この中から将来の大臣や次官を始め、当時日本が設置していた二十数ヶ国の大使・公使を選んでおり、淘汰《とうた》の行われる余地が極めて少ない。独自の外交官試験に合格して採用された者で、かつ、外務省で長い間勤めた人材でなければ外交責任者たり得ないとの考えは極端であり、外交上の専門的事務はともかく、大使・公使等幹部については国際政局に見識あり、思慮ある練達堪能の士であれば、軍人、実業家、学者にかかわらず積極的に登用すべきであると述べている。

後者の外交官養成については、大多数の若手外交官が日々の雑務に忙殺され、任国事情や国際問題一般についての研究が十分なされていない。本省・在外公館を問わず、雑役の大部分は庶務的職員に任せ、少壮外交官には本来の任務である外部との接触、任国事情の研究、語学の習得等に全力を傾注する必要があると指摘している。

講和会議の現場で危機感を持った外務省の若手職員は、帰国後、本省で改革のための具体的活動を開始する。有田は、多数の本省職員の賛同を得て、1919年9月に「外務省革新同志会」を結成し、自身がその幹事となる。

有田は、革新同志会46名の連名で本省内や在外公館に改革案を送付するが、最初に同志として反応を寄せてきたのは当時ワシントンの大使館で一等書記官をしていた広田弘毅であったという。９月26日に決定された改革案「外務省革新綱領要目」23項目の主要内容は、語学研修等省員養成、情報収集強化のための情報部設置等外務省の機構改革、門戸を開放しメリット・システムを通じた人材登用等であった。

この改革案は内田康哉《こうさい》外務大臣に提出され、それを受けて省内に「外務省制度取調委員会」が同年10月に正式に設置される。そして翌年５月には報告書が取りまとめられ、大臣に提出された。これらは後に、本省情報部、対支文化事業部の新設、在外公館の増強、人員および予算面の充実、商務官の新設、省外からの人材登用、在外研究員制度の発足等一連の改革として具体化されていく。

次々と打ち出される強化策

第１次大戦期の外務省は、外交事務を所掌する政務局と通商・領事事務を所掌する通商局の２局４課体制であった。戦後、両局の事務量増大に対処するために１９１９年に条約局が新たに設置された。そして、1920年には政務局が亜細亜局と欧米局に分かれた。1921年に情報部が設置された。

このように、外務省の機構・人員の強化が順次図られ、1917年度に職員486名、予算額745万5981円であったのが、1924年度には職員1101名、予算額2649万3543円と大幅に増加した。1920〜21年を中心に、外交官試験合格者とは別途、省外から人材を登用することも行った。

一般会計予算に占める外務省経費の割合は、1910年代途中から第2次大戦終戦に至るまで一貫して毎年1％を超えた。ちなみに、平成31年度（2019年度）一般会計予算は101兆4571億円でそのうち、外務省予算は7306億円（ODA分は4376億円）で全体の0・72％である。

この間、在外公館についても新たな設置および昇格が次々と図られていく。例えば、従来の領事館を総領事館に格上げしたのは、福州、済南《さいなん》、バタヴィア、マニラおよびハンブルグ、領事館新設は、ハバロフスク、イルクーツク、ブラゴヴェシチェンスク、ポートサイド、アンヴェルス（アントワープ）、リオ・デジャネイロおよびマルセイユ（以上1919年度）、独大使館、墺、蘭公使館の再開、領事館新設はスラバヤ、リバプールおよびハイフォン（以上

１９２０年度）、パリに国際連盟日本事務局設置、ベルギー公使館の大使館昇格、チェコスロバキア、ポーランド、トルコおよびペルーに公使館設置、バウルー、ラングーン、ハバナ、ミラノ、モンテビデオおよびサイゴンに領事館設置（以上１９２１年度）、ジュネーブにＩＬＯ日本事務局設置、ギリシャおよびルーマニアに公使館、青島に総領事館、コロンボ、蕪湖《ぶこ》、張家口《ちょうかこう》、満州里《まんしゅうり》およびマルソーに領事館設置（以上１９２２年度）、ブラジル公使館の大使館昇格（１９２３年度）といった具合である。

ちなみに、明治の開国以降、日露戦争後のポーツマス条約締結の頃まで、日本政府は在外に大使館を一つも有していなかった。１９０５年12月に在英公使館が大使館に昇格（林董公使が初代大使）したのを嚆矢《こうし》とする。その後、明治時代に大使館に昇格した公使館は、米、独、仏（１９０６年）、伊、墺（１９０７年）、露（１９０８年）である。中国の公使館が大使館に格上げされたのは１９３５年（昭和10年）である。大使館を設置し大使を交換することは、当時、お互いに列強国であることを認め合うことを意味した。

人材の養成という課題

人材の養成については、当時、外交官補は在外公館でまず電信事務を担当していた。本省との間で暗号を使用した公電のやり取りを行うことによって業務を遂行することが今も昔も外務省の基本であるが、暗号を組んだり解いたりして公電の処理をすることに時間が費やされ、外国語や任地事情の勉強が十分できないという弊害があり、これが語学学習や留学制度の実現に繋がった。すなわち、1921年の省議で官補養成制度内規が決定される。

内規の主たる内容は次の通りである。まず、外交官補・領事官補は任官後3～6ヶ月は、本省において事務見習いを行う。最初の1ヶ月は専ら電信および公信業務を習熟し、その後、各局課でそれぞれの所掌業務を実習する。実習期間中、外交官としての一般的心得、対外交渉、主要条約および外務省の組織につき講習を受ける。また、国内旅行等により日本の国情を理解する。

国内実習を終えた後、ただちに海外赴任する。赴任公館は英、米、仏、独、露、伊、ベルギーの各大使館、中国、スイス、西の各公使館、ロンドン、ニューヨーク、ハンブルグ、オタワ、シドニー、上海、天津の各総領事館のいずれかとする。赴任後少なくとも6ヶ月間は館務を離れ、語学および任国事情の研究に専念する。そして、旅行を奨励し見聞を広めるというものである。

赴任地についてはその後変更が行われ、原則英、米、仏、ベルギーの大使館およびロンドン、ニューヨークの総領事館に限定され、その後もさらに何度か変更された。在外研修は、原則として任国の大学に入学し、一定の学科を専攻した。これら、短期研修の他、１９２２年度から「在外研究員規程」に基づく在外研究員制度が発足した。すなわち、外交官試験合格者の中から年少優秀な者を選抜して、３年間海外派遣されることとなった。

まず、１９２１年度外交官試験合格者の中から、英国に３名、仏に２名、独に１名がそれぞれ派遣留学を命じられた。主として、英、米、仏、独に派遣された他、中国、ラトビア、ポーランド、トルコ、ユーゴスラビア、タイ、満州等での留学を命じられることもあった。

外務省の任用については、１８９４年に第１回試験が実施された外交官領事官試験の下での採用者が、この時期にそろそろ大使や次官に就任するタイミングを迎えていた。しかしながら、従来の外交官の知識のみでは新しい時代の外交の多様化に対応できなくなっているとの問題意識から、外交官試験以外のルートでの採用も検討することとなった。商務官制度の発足もその一環である。このようなポストには貿易商社から人材を登用した。外交官試験以外の高等文官試験（行政試験）合格者からの採用や大蔵省等他省庁勤務者の中途採用等も試みられた。

外務省研修所の前身

このように、外務省の組織や省員の養成につき戦前、特に第1次大戦以降において一定の改革努力は払われてきたが、外交官養成については、上記のごとく海外における留学制度が一部設けられていた程度で、本省内にしかるべき研修養成機関は必ずしも存在しなかった。

外交官試験の他、既述の通り外務書記生試験および外務省留学生試験も同じ1894年から開始されたが、彼らに対しても第2次大戦終了まで養成訓練制度は特段なかった。外務省留学生は合格後、任地に派遣され3年間語学研修を行い、その後外務書記生に任用されて本省に戻ったが、この間、語学以外の一定の訓練を受けることはなかった。外務書記生合格者も大同小異であった。彼ら、判任官の養成訓練は本省においてほとんど考慮されていなかった。

1941年、国際情勢の緊迫化に伴って、職員訓練養成組織の必要性が叫ばれ、同年、「外務省職員訓練所」が外務次官の下に所長を置いて本省内に開設される運びとなった。同訓練所は、外務省開設以来初めてとなる組織化された総合的常設訓練機関であり、あえて言えば、現在の外務省研修所の前身的存在であった。

訓練所には、所長1名、副所長2名（人事課長および文書課長が兼任）、教官若干名、書記

1名を置いた。1941年4月1日に、同年3月および前年12月採用の外交官試験合格者18名（ただし、1名は陸軍、2名は海軍に応召）を第1期生として約3ヶ月の訓練期間を設定して訓練所が開所された。

訓練の内容は、心身の錬磨、事務の習得、および実地見学である。特に、精神面に重点を置き、松岡洋右外務大臣や総力戦研究所所員等から毎週少なくとも1回は精神訓話が行われた。また、敬神愛国の精神を涵養するため宮城（皇居）、伊勢神宮、明治神宮等の参拝が行われた。討論の授業では、「明治維新と昭和維新との比較」「独英決戦に対する見通し」「今後の帝国経済政策」「東亜新秩序確立の基礎要件」といった時局と密接なテーマが与えられ、3週間の研究期間の後、討論を行い、関係課長が指導した。ちなみに、適当な施設がなかったため合宿は行われなかった。

3ヶ月間の講演および見学を分類すると次の通りである。日本精神、教養、文化（23回）、外交官の任務（9回）、国際条約締結実務（3回）、東亜および世界情勢並びに各国国民性（38回）、情報および一般宣伝事務（5回）、国際経済事情（10回）、国内事情（38回）、儀礼事項（4回）、電信、会計、文書事務（37回）、施設見学（19カ所）。外務大臣を始め外務省各部局の他、陸海軍からも将校が多数講師として訪れている。さらに、20日間近くをかけて、関西・九州視察旅行に出かけている。

第2次大戦勃発以降は、外国赴任の機会も少なくなり、語学の勉強機会も減少した。このような事態に直面して、1943年に外務省職員訓練所の附属機関として「外務省語学校」を本省内に開設し、英、仏、独、露、中の5ヶ国語を初級、中級、上級に分けて教授することとなった。授業期間は1期3ヶ月のサイクルを年間3回、月〜金の毎日午後5時〜7時の2時間行った。主な授業内容は、和文外国語訳、外国語和訳、外国語による公文・条約文・時事論説等の作文添削である。

この他、特殊な実務に伴う養成訓練がいくつか行われた。例えば、統計事務訓練、速記術訓練、日系米国人2世の養成等である。

しかしながら、同訓練所および附属機関としての語学校を含め、これらは何ら官制上の根拠を持つものではなく、事実上の存在に過ぎなかった。法令に基づいた本格的な外交官養成のための総合的な研修所設立は戦後を待たなければならなかったのである。

第2章

外交の「勘」を養うために

——外務省研修所の設立

2・1　外務省研修所の設立

英断

戦後5ヶ月ほどが経過した1946年1月、外務省官制が改正され、「外務官吏研修所」を設けることが規定された。当時戦災で被害を受け霞が関から港区田村町の日産館に入居していた外務省の3階に、同年2月研修所が開設された。

その後、文京区大塚（茗荷谷）にあった東方文化学院の建物を活用し、同年3月1日に同地に研修所が移り、講堂において開所式を行い本格的な活動を始めた。外は雪の降る日であったという。

開所式には、幣原喜重郎総理大臣、吉田茂外務大臣といった戦前に活躍した外交官を含め退職者や本省幹部も出席し盛大に式典を挙行したという。戦前、勅令によって制定された官制（各省の設置、権限、定員等を定めたもの）は、新憲法下では法律で規定されることとなり、1949年に公布された外務省設置法に基づき制定された外務省研修規程によって外務官吏研修所は「外務省研修所」となり、この名称は今日もそのまま使われている。

１９４１年に設けられた外務省職員訓練所は、何ら官制上の根拠がなく事実上の存在に過ぎなかったので、運用上、種々の困難や不便があった。戦後の１９４６年、外務省官制の改正を受け、遂に外務官吏研修所、そしてその後の外務省研修所が法令上の根拠をもって設立されることとなったのである。その結果、当時の外交官試験および外務書記生試験合格採用者はすべて研修所において所定の研修を受けることが法令によって担保されることとなった。戦前と戦後の外務省研修制度の本質的な違いはここにある。

敗戦の結果、主権を奪われ、中立国や友好国にあった在外公館はすべて閉鎖され、各国政府との外交関係処理の業務は一旦消滅する。その代わりに国内における占領軍との折衝という業務が「外交」の中心となった。当時の外務省は機構・定員も縮小し（１９４０年に約５６００名であった外務省職員数は１９４６年には１６００名弱にまで削減）、政務局と経済局が廃止されて総務局として統合され、総務、条約、調査、管理４局と情報部の縮小体制を余儀なくされた。他方で、外局として終戦連絡事務局が設置された。行政整理や公職追放令、自己退職等によって外務省を去る職員も少なくなかった。

このように主権を制限され、在外公館は閉鎖され、外交権も奪われ、機構の縮小を強いられた受難の時代の外務省に新たに研修所を設置する決断を下したことは、今考えても驚嘆そして特筆に値する。極めて困難な客観情勢の下にありながら、一朝一夕には実現不可能である優秀な外交官養成という日本外交の将来を長期的に見据えた幣原や吉田等の英断により研修所は開設されたのである。

重光葵、吉田茂らのメッセージ

当初、研修所は終戦連絡事務局業務の熟達や将来の外交再開に備えて、新規採用者および既存の職員に対して、必要な語学および教養を涵養するという点に重点を置いた。しかしながら、英語に堪能な職員が払底していたことから、英語の再教育が研修の圧倒的割合を占めていた。

研修所が発足して10周年の1956年、すなわち外交を回復して4年経過し、若手外交官の在外研修も復活して以降、研修所も語学以外の研修科目の比重が徐々に増していった。

その頃の事情は、設立10周年を記念して編集され研修所より発行された『外務省研修所十年史』（昭和31年4月）に詳しい。同十年史の冒頭序の部分で重光葵外務大臣、吉田茂元総理大臣（衆議院議員）、佐藤尚武《なおたけ》元外務大臣（参議院議員）等が文章を寄せている。

『外務省の百年（下）』（外務省百年史編纂委員会、原書房）に該当部分が収録されているので、それに沿って紹介してみたい。国際情勢の変化と日本の置かれた地位に鑑《かんが》み、語学、人格、識見、能力に優れた外交官養成の重要性と緊急性を当時の外交責任者がいかに痛切に感じていたかがよく分かる。

まず、重光葵大臣の序である。重光は、1911年外交官試験に合格し外務省に入省、戦前上海総領事、中国公使、外務次官、英国大使、中国大使、外務大臣等を歴任し、敗戦直後に再び外務大臣として米戦艦ミズーリ号上での降伏文書調印に政府を代表して署名、その後、極東国際軍事裁判で禁固7年の刑を受け、公職追放解除後は、再び外務大臣としてソ連との国交回復や国連加盟に尽力した。彼は序において概要次の通りのメッセージを寄せている。

外交官の養成は昔から議論されてきたが、第1次大戦後に特にその必要性が叫ばれ、その結果として外交官補の養成や在外研究員制度が実施されるようになったが、戦前の官補養成は在外研修を主としていた。国内においては、極めて簡単な事務見習いが行われていたのみであり、戦後の外務省研修所設立によって外務省に初めて総合的な研修制度が行われるようになった。他方で、設立当初は外交も再開されておらず、時宜即応的な域を脱しなかったが、外交を回復し、在外公館も復活する中で研修所も次第に内容が充実し、外交官養成に不可欠の機関として内外の注目を集めるようになった。戦後の日本は戦前と異なり、諸列強の間に伍して政治外交を派手に行い得るような立場には置かれていない。しかし、経済、通商、文化方面における国際的進出の必要性は却《かえ》って益々高まっており、今後の外交官の任務は従前にまして遥《はる》かに広範囲にわたり、困難性・重要性を増し、外交官を育成訓練する研修所の責任もまた重大である。

次に吉田茂元総理大臣が序を寄せている。吉田は1906年外交官試験に合格し外務省に入省、戦前天津総領事、奉天《ほうてん》（今の瀋陽《しんよう》）総領事、外務次官、イタリア大使、英国大使等を、また、戦後外務大臣、総理大臣等を歴任した。吉田は概要次のように述べる。

第2次大戦中、外務省はその機能を著しく縮小し、大東亜省設置以降は極めて限られた活動の機会しか与えられなかった。在外公館も枢軸国と中立国にあるものをのぞき、極めて変則的な状況に置かれた。終戦とともに外交機能は停止され、外務省不要説まで唱えられる始末であった。そのような中、自分たちは外務省の存置を主張し、来たるべき外交再開の日に備えて外交官養成訓練の必要性を痛切に感じていた。このような問題意識に対して一般的には冷淡かつ無理解であった中、終戦翌年の3月1日にようやく外務官吏研修所の開設を見たのである。自分(吉田)は、研修所創設の当初からこの事業に関係しており、その重要性を最も痛切に感じていた。したがって、総理大臣在職中も公邸の一部を官補研修員の合宿所として開放し、彼らと接触する機会を持って研修事業の一端に微力を尽くした。平和条約発効後、諸外国との外交関係も復活し、在外公館も逐次増加しつつある。このような中、在外研修制度も復活し、研修所の事業もいよいよその効果を発揮する時代となった。戦前を顧みるに、我が国外交官がいろいろな点で欧米外交官に劣る点があったことは否めない。特に、敏感なる政治的判断力の弱さ、あるいは政治的な勘の悪さは最も重大な欠点の一つであった。この点につき、現在の研修所はよく研究して高度な政治的敏感性を持った世界水準の外交官を養成しなければならない。

3番目に佐藤尚武元外務大臣が寄稿している。佐藤は、1905年、外交官試験に合格し外務省に入省、戦前はベルギー大使、フランス大使、外務大臣、イタリア大使、ソ連大使等を歴任、戦後は参議院議員を3期務め参議院議長も歴任した。佐藤は言う。

第2次大戦前後の約20年の空白時代を経験したため、この間、会議外交なる国際関係の処理方式が頻繁に行われるようになり、現在では国際連合を中心として毎年、大小数百の会議で国際関係の調整を行うことが常識となってきた。日本はここでも完全に取り残されている。我々は、第1に、日本人が概して建設的な議論の進め方に慣れていないこと、第2に、語学のハンディキャップを持っていること、を真剣に考えなければならない。これらの困難克服のために研修所が果たす役割は大きい。昭和21年春、時の幣原総理大臣、吉田外務大臣等の諸先輩が、特に外交官養成の必要性を痛感され、戦後の極めて困難な事情にも負けず、いち早く外務官吏研修所を開設されたのは特筆大書すべきことであり、ソ連から帰国したばかりの自分が、初代研修所長に選任され（注：1946年3月1日に研修所が開所し、8月14日に佐藤が研修所長事務取扱の職に就く前に、松嶋鹿《しか》夫《お》および寺崎太郎の両外務次官が研修所長事務取扱を兼任した時期があったが専任としては初めて）、約1年にわたって微力を捧げることができたのは光栄であった。

最初の研修所長

１９４９年から約４年半にわたり正式な発令を受けた最初の研修所長（それまでは研修所長事務取扱）となった松永直吉《なおきち》は、在任中を回顧しながら、研修所での研修状況を次のように説明している。松永は、１９０８年、外交官試験に合格し外務省に入省、北京での外交官補を皮切りに、条約局長、オランダ公使、オーストリア公使を務めた。松永信雄元外務事務次官・駐米大使は次男である。

終戦後外交再開までの期間、我邦の外交的活動は一切停止せられ、在外公館も全部閉鎖されたので、戦前に行われた在外研究員制度による外交官養成は不可能であった。しかし外交再開に備えて後進外交官を養成することは絶対かつ焦眉の急であったので、研修所の開設はまさにこの必要に応じたものであった。研修語学の上より言えば、第２部においても第３部においても英語を主とした研修員が大多数であった。平和条約が発効して、正式に在外公館が開設された後、研修所修業者が逐次外国に赴任を命ぜられたことは申すまでもない。また、初めて赴任する外交官夫人に対し、少量ながら語学その他の教養的研修を施したこともあった。研修所は早くから研修施設の余裕ある範囲において、（他省庁および民間よりの委託研修を）引き受けた。研修所の研修科目は時間的には語学優先であるが、外交官の素質向上に必要なる諸種の教養部門すなわち政治、外交、経済、社会、文化等の科目が重視せられ、研修員の視野を広むることに努めた。また、研修員に対し外交官には人格向上の極めて肝要なることを説き、常時精神修養の必要が強調せられた。研修所設立の目的を達成しているかとの質問に対しては、（職場における能率向上という点での）研修効果については相当の効果を収めたことを信じている。（しかしながら）外交官の養成という点についてはおよそ程遠いものと言わざるを得ない。今後研修所がその目的達成のために邁進《まいしん》せんことを切望する次第である。

「戦後研修の第2段階」

『十年史』が編纂《へんさん》された時の研修所長であった日高信六郎《ひだかしんろくろう》は緒言を書いている。日高は、1919年、外交官試験に合格し外務省に入省、戦前は上海総領事、イタリア大使を務める。戦後、公職追放が解除になると外務省に復帰し研修所長を務めた。日本山岳会会長としても活動した。彼は、『十年史』の中で、戦前に遡《さかのぼ》って外務省の研修制度を概観している。

明治年間に既に在外研修制度の端緒が見られ、大正10年からは内規としての官補養成制度が、そしてやや遅れて判任官養成制度が確立し、終戦までまがりなりにこの制度が続いていた。その意味では、現在の研修所は戦前の研修事業の延長と言い得る。ただし、戦前と戦後の研修の本質的違いは前者が単なる内規上の制度であったのに対して、後者は法令によって裏付けられた官制上の制度であり強い性格を持っている。現在では外交官試験および外務書記試験に合格し新規採用された外務省入省者は、須《すべか》らく研修所で一定の研修を受けることを保証されている。現在の研修の特色を挙げるとすれば、研修は広く全省員を対象とするもので、戦後民主主義的政策の一つの表れである。次に、戦前の本省内研修が外国語の研修をほとんど無視していたのに対して現在では外国語の訓練が主要必須科目となっている。さらに、外務省職員のみならず、毎年他省庁及び日銀等から二十数名ずつの研修員が外国語研修を受講している。研修所での半年の研修終了後、外交官試験合格者（現在の総合職試験合格者）は１～３年の在外研修を行い、また、外務書記試験合格者（現在の専門職試験合格者）の中からも、在外留学生として特殊語学の研修を受けるものがある。戦後の研修は戦前に比べ多くの優れた点を持っているが、決して満足すべき状態ではない。特に、予算の制約は各種の計画の遂行を困難にしている。

現在の研修所はいわば戦後研修の第2段階に入っている。

戦前外交への反省

現在、拓殖大学国際教育会館として活用されている元外務省研修所の建物は、もともと陸軍兵器廠跡地であったこの地に1931年から建設を始め、1933年に竣工《しゅんこう》した。敷地面積5081平方メートル、建物は3階建・地階付で、建築面積1074平方メートル、延べ面積3013平方メートル、後方は4階となっており、外観は古代日本建築様式が基調となっている。

1928年、当時の東京帝大および京都帝大等の東方文化研究者三十数名の提案に基づき、外務省文化事業部所管の「対支文化事業」の一環として建てられたものであるが、ここに入っていた東方文化学院東京研究所は、戦後、東京大学東洋文化研究所に吸収され、外務省が研修所として1994年まで利用していた。

外務官吏研修所は、終戦連絡事務に熟達させ、将来日本が主権を回復し、外交を再開する時に備えて必要な研修をさせることを目的としたものであった。戦前外交への反省もあった。

外国語の能力もさることながら、我が国外交官に国際情勢を冷静客観的に分析する外交センスが欠けていたことが、ひいては日本を第2次大戦に引き入れる結果となったとの反省から、今後の外交官にはこのような外交の「勘」を養う必要性が痛感されたのである。

具体的には、外交官に必要な知識の習得、人格の陶冶《とうや》、観察力や判断力の養成、礼儀作法、語学の習得、外交理論・外交史の研究、執務参考資料の編集等を行い、新規採用職員のみならず、既存職員の再教育も想定した。１９４８年3月1日時点での研修所の職員数は33名である。

施設・設備は、15名収容の教室が2つ、5～7名収容の教室が4つ、講堂、読書室、書庫、タイプ練習室、録音室等が用意された。図書は、石井菊次郎元外務大臣他外務省関係者から寄贈された蔵書を中心に、国際法、国際政治、外交、法律、経済、歴史、文化、美術、文学、思想、語学、自然科学等各方面に関する和漢洋の新旧書籍約2万冊が当時備えられていた。また、語学学習のために、テープ・レコーダー、レコード・プレーヤー、リンガフォン（英、仏、独、西語）、スライド映写機等当時の最新設備を用意した他、健康管理のために卓球、バドミントン、野球、テニスの各用具を研修員の利用に供した。

当時の講義は、所長および外務省先輩の訓話、指導官の講話、外交、法律、政治、経済、文化、思想、自然科学、国内事情、海外事情、終戦連絡事務、語学等が用意された。語学は、英、仏、独、露、西、中の6カ国語を基本とし、英語を含めた2カ国語の習得を目指した。外国人講師を多く揃え、例えば昭和30年度研修期の外国語講師31名のうち、外国人講師は14名であった。クラス単位も極力少人数にし、1クラス7名前後に編成され、研修員各自が会話や質問の時間を多く取れるように工夫した。「ニューヨーク・タイムズ」「ニューズ・ウィーク」「タイム」等の時事教材やリンガフォンやテープ・レコーダーなどの機器を活用した。

教養講座は、所長や先輩の訓話、内外の講師による上記各分野の講義を行った他、京都・奈良を訪問し文化財の見学を実施した。

実務講習は主として外務省および在外公館事務や今後必要な知識や外国事情等に関する講義の他、欧文タイプの練習や東京近郊の施設見学を行った。

研修期間は6～9ヶ月であり、1週約30時間の研修の3分の2は語学のために費やされた。今に続く語学通信研修も1947年から開始され、当初は英、仏両言語が開講されていたが、現在は英語のみの実施になっている。

その他、研修員配偶者や外務省以外の官公庁職員、日本銀行関係者の研修参加も一部受け入れていた。

吉田茂が重視していたこと

研修員が泊まり込んで訓練を受ける合宿施設は当初よりその必要性が認識されていたが、物理的な問題で開始時点では実現が困難であった。ちなみに、吉田茂自らが述べている通り、彼が総理在職中の1951年度から、上級職研修員を総理公邸内に合宿させ、相互の親睦および先輩との交流を図る機会が設けられ、このような試みは4年間ほど続いた。

村田良平（元外務次官、駐米・駐独大使）の『村田良平回想録』（ミネルヴァ書房）によれば、1952年に入省した村田の同期計18名は当時総理大臣兼外務大臣であった吉田茂（4月28日のサンフランシスコ平和条約発効直後に岡崎勝男が外務大臣に就任）が、総理大臣公邸として使用していた目黒の旧朝香宮《あさかのみや》邸に9名ずつの2班に分けて招待され、それぞれ1ヶ月半公邸に合宿した。その際に、吉田が全員を2度にわたってフル・コースの夕食に招待してくれ、洋食のマナーを学ぶとともに、吉田が食事中、あるいは食後に葉巻を薫《くゆ》らせながら回顧談を聞かせてくれたそうである。話の節々に外交官たるものの心掛けにつき教えられるところがあったと、大学を卒業したばかりの若い外交官の卵にとっては強く印象に残ったようである。

吉田は、引退後も外務省研修員との交流を重視していたようで、上田秀明著『現代国際政

治私史　一外交官の回想』（岳陽舎）によれば、上田が1967年に外務省に入省した年の6月4日に、研修所長に引率されて当時の研修員が大磯の吉田邸を訪問し、講話を聞いた由である。カレーライスを食べながら、「上司の言うことに唯々諾々と従ってばかりいるようでは見込みがない」等と皮肉たっぷりの内容であったという。3年生で外交官試験に合格し大学を中退して入省した上田の同期が、戦後生まれの外交官第1号であったのを聞いた吉田は「感無量だな！」と述べたそうである。吉田はその年の10月20日に89歳で死去したので、この期が吉田の自宅に呼ばれた最後の外務省研修員となった。

極秘報告書「日本外交の過誤」

既述の通り、吉田茂は、戦前の外交の失敗から、戦後の外交官養成、そしてそのための要となる外務省研修所の設立および充実に並々ならぬ関心を寄せていた。サンフランシスコ平和条約が調印される少し前の1951年1月上旬、総理大臣であった彼は当時外務省政務課長を務めていた斎藤鎮男《しずお》を箱根の別荘に呼んだ。そこで吉田は斎藤に対して戦前の日本外交について次のように語った。

外交の反省に当たって最も大切なことは外交に臨む外務省の態度である。外務省の中心的な考え方が政策重視から技術依存に移っていった。国際法の解釈とか外国語等の技術面を重視し、そういう面に長《た》けた者を重用するようになった。日本外交は、満州事変、支那事変、第2次世界大戦というように幾多の失敗を重ねてきたが、今こそこのような失敗の拠ってきたところを調べ、後世の参考に供すべきものと思う。以上のようなことを、上司とではなく君たち若い課長の間で研究を行い、その結果を報告してもらいたい。

この作業は、斎藤の後任の藤崎万里《まさと》に引き継がれ、同年4月10日に「日本外交の過誤」という部内極秘報告書としてまとめられた。この文書は、2003年に外務省より公開されている。「日本外交の過誤」は満州事変、国際連盟脱退、軍縮会議脱退、日独防共協定締結、支那事変、日独伊三国軍事同盟締結、日ソ中立条約締結、仏印進駐、蘭印交渉、日米交渉、終戦外交を回顧し、最後に結論をまとめている。

結論では、日本外交が犯した過ちにつき、次の諸点に言及している。第1に、すべてにおいて根本が大事だということである。外交は単なる技術ではなく内政を離れて考えることはできない。条約の字句に囚《とら》われてその政治的意義や影響といった根本を見失ってはならない。

対中政策の根本が改められない限り枝葉末節の外交上の苦心は結局意味をなさなかったのである。

第2に、物事は常に現実的に考えなければならないということである。当時の日本の指導層はアングロ・サクソンの世界支配をドイツと組んで覆す絶好の機会だと勇《いさ》んだが、感情的になり夢を追い、希望的観測で情勢判断を誤った。日本外交は柔軟性や臨機応変さを失ってもいた。独ソ開戦によって日独伊にソ連を抱き込むという戦略が非現実的となった時点で、それを前提とした外交は御破算にすべきであったが、満州事変後の日本外交は残念ながら動脈硬化を起こしていた。物事を現実的に考えることができれば、米英の国力を正しく評価し、独伊と結ぶということもなかったであろう。

第3に、機会を掴《つか》むことには敏でなければならない。太平洋戦争前の外交的転換、ソ連参戦前の終戦等ができなかったのはその逆の例である。

第4に、行きがかりに囚われず、決断力と実行力を持つことが重要である。当時、軍の権力が圧倒的であったことは事実であるが、外務省や外務大臣が腹を決めていたらもっと異なった展開はあり得た。世間的には評判の悪いことでもあえて責任を取って断行することが時として必要なことがあるのはポーツマス講和会議の例にも明らかである。

受難の時代

以上が、「日本外交の過誤」の結論と言うべきものであるが、実際、昭和戦前期、特に満州事変以降終戦までの約14年間は外務省にとり、その権限をタマネギの皮のように剥ぎ取られていく受難の時代であった。満州国設立２年後の１９３４年には「対満事務局」が設置された。これは、各省庁の対満州行政事務を統一調整するためのものであり、対満事務局総裁は陸軍大臣が兼任することになり、満州国駐劄大使は関東軍司令官がこれまた兼任することと併せ、満州国に対しては陸軍に外交権を奪われてしまった。

日中全面戦争勃発翌年の１９３８年には「興亜院」が設置された。総裁は内閣総理大臣が兼任し、副総裁には大蔵大臣、陸軍大臣、海軍大臣とともに外務大臣も含まれたが、興亜院自体が陸軍主導の対中外交調整機関であり、外務省の対中外交は大きな制約を受けることとなった。

その後、１９３９年に起きた貿易省設置の動きに対して、外務省は通商局を始め全省的な反対運動が起こり（外務省事件）、この動きは結局実現には至らなかった。

太平洋戦争勃発後の１９４２年の東條内閣では、満州、中国、南洋を含めた大東亜共栄圏を主管する省庁として「大東亜省」が設けられた。大東亜省は、外務省東亜局、南洋局、拓務省、興亜院、対満事務局を吸収し、翌年には商工省交易局もその一部となった。

このように、終戦前の一時期、外務省の権限は欧州のわずかな同盟国や中立国との外交に限定される悲哀を味わった。

「外交の勘のない国民は亡びる」

吉田は、1932年、在外公館査察使としてワシントンを訪問した際に、牧野伸顕の紹介で第1次大戦時にウィルソン大統領の補佐役であったエドワード・ハウス大佐に面会した。

その時、大佐から「外交の勘のない国民は亡《ほろ》びる。第1次世界大戦の直前にウィルソン大統領に代わりてドイツにカイザーを訪問し、開戦の非を説きて、その反省を促した。しかしドイツは、遂に第1次大戦に突入し、一敗地に塗《まみ》れ、ベルサイユの降伏、パリの講和会議となった。ドイツのこの例は、日本の深く鑑みるべきところである。日本が開戦を避け、平和を選ぶにおいては、自然アジアの一大強国となるべく、戦争に突入せばドイツの轍《てつ》を踏むは必定、ドイツの例を深く鑑みるべきである」と戒められた。その後、近衛文麿がハウス大佐を訪ねた時も同様の話を聞かされたそうである。

吉田はこの時のことを回想し、「ハウス大佐の言のごとく、我が国が大東亜戦争に突入することなく、敗戦という悲運に出会わずば、世界の一大国として今日に至ったであろう」と振り返っている。吉田が戦後間もない時期に、外務省研修所の設立に深く関心を寄せた背景には、戦前の外務省が軍に屈し、外交の作為・不作為によってもたらした失敗に対する反省を踏まえ、今後のあるべき外交を担い得る外交官を根本のところから組織的に養成しなければならないという深い問題意識があったものと想像される。

2・2　法令上の位置づけ

法令に明記された様々な規定

研修所の細目は、その後省令や外務官吏研修所規程で定められ、1949年の外務省設置法の関連規定に基づいて同年6月には同研修所は外務省研修所に改められ、外務省研修所規程も新たに制定され、組織の内容がさらに充実されることとなった。また、1952年の外務職員の研修に関する省令により、研修目的、国内研修、在外研修、語学研修等に関する規定が定められた。

現在の関連法令を見てみると、まず、外務省設置法第4条第1項の28に、外務省が任務を達成するために司る事務の一つとして、政令で定める文教研修施設において所掌事務に関する研修を行うことが規定されている。右を受けた政令である外務省組織令第93条に施設等機関の規定が置かれ、外務省に外務省研修所を置くこと、研修所は外務省設置法に定める文教研修施設であること、研修所は外務省職員に対して職務を行うに必要な訓練を行うこと、等が定められている。

また、外務公務員法第15条に、外務大臣は外務職員に政令で定める文教研修施設または外国を含むその他の場所で研修を受ける機会を与えなければならないと規定され、研修の機会は外務省職員の法律上の権利となっている。外務公務員法施行令第1条の3により、外務公務員法第15条に規定する文教研修施設は外務省研修所とすると規定されている。

同法15条の規定に基づき、外務職員の研修に関する省令が定められている。それによれば、研修の目的として、外務公務員として必要な知識、能力および教養を増進すること（第1条）、外務職員に対して適当な時期に期間を限って外務省研修所にて研修を受けることを命じなければならないこと（第2条）、国内にある教育機関、研修所等における委託研修（第3条）、総合職および専門職合格者の原則3年を超えない範囲内での在外研修（第4条）、在外公館勤務職員の特別語学研修（第5条）や語学研修（第6条）、指導監督官の任命（第7条）、研修継続を不適当と認めた場合の研修命令の取り消し（第8条）等を規定している。

さらに、省令である外務省組織規則第2章（第50条～54条）において、研修所を神奈川県に設置すること（第50条）、所長および副所長（第51条）、総括指導官、指導官および副指導官（第52条）、研究主事、教務主事および事務主事（第53条）を置く他、研修所に非常勤の顧問を置くことができる（第54条）ことが定められている。

外務省研修所研修規程を全文改正した外務省研修所研修規則によれば主な内容は、次の通りである。

研修所における研修区分は第1部～第6部にわたる（第1条）。第1部は、課長相当職以上の外務職員に対する研修を行う。第2部は、新規採用国家公務員総合職試験合格者およびこれに準ずる者に対する研修を行う。第3部は、新規採用専門職員試験合格者およびこれに準ずる者に対する研修を行う。第4部は、新規採用国家公務員一般職試験合格者およびこれに準ずる者に対する研修を行う。第5部は、外務省に併任されている外務省以外の国の行政機関の職員で、在外公館勤務予定者に対する研修を行う。第6部は、その他の外務省職員に対する研修を行う。

研修方法は、講義、演習、見学および実習の方法により行う（第2条）。

研修所長は、研修所職員以外の外務省職員、あるいは、外務省職員以外の学識経験者に対して委嘱して研修を行わせることができる（第3条）。

また、必要な時は、研修所長は、外務省職員以外の者に対して研修を受けることを許可することができる（第4条）。

研修所は、外務省職員に対して通信による研修を行うことができる（第5条）。

戦後の外務省研修所が、戦前・戦中の研修と異なる特徴は、戦後は、総合職および専門職、さらには一般職の外務省職員の全員が、研修所にて所定の研修を受けることが法令上明記されている点である。

2・3　機構上の位置づけ

外務省の組織内容

外務省設置法上、外務省の任務は、「平和で安全な国際社会の維持に寄与するとともに主体的かつ積極的な取組を通じて良好な国際環境の整備を図ること並びに調和ある対外関係を維持し発展させつつ、国際社会における日本国及び日本国民の利益の増進を図ることを任務とする」（同第3条）、と規定されている。

このような任務を与えられている外務省の組織は次の通りである。２０１９年１月現在、外務本省は、大臣官房の他、10局（全省的な取りまとめを行う総合外交政策局、地域局としてのアジア大洋州局、北米局、中南米局、欧州局、中東アフリカ局、機能局としての経済局、国際協力局、国際法局および領事局）、３部（総合外交政策局の下の軍縮不拡散・科学部、アジア大洋州局の下の南部アジア部および中東アフリカ局の下のアフリカ部）より成り立っている。さらに、情報収集分析を行う国際情報統括官、大臣官房の下に外務報道官、国際文化交流審議官がそれぞれ置かれている。

2018年度末現在、霞が関にある「外務本省」と世界151ヶ国にある226の「在外公館」(大使館、総領事館、代表部)にそれぞれ、約2700名および約3450名、計約6150名の職員が勤務している。全体の約3割、新入省員(総合職、専門職および一般職)の約5割が女性である。

ちなみに、明治の内閣制度発足当初の外務省の組織は、大臣、次官の下に、大臣官房と政務局、通商局の2局体制であった。第1次大戦後の1919年に条約局が新設されて3局体制となった。そして、1920年には政務局が亜細亜局と欧米局の2つの局に分かれた。1921年には対外宣伝を司る情報部が設けられた。そして、1924年には対中宣撫《せんぶ》工作の一環として文化事業部が誕生した。1933年には調査部が設けられた。1934年には亜細亜局が東亜局と名称を変え、欧米局の方は欧亜局と亜米利加局の2局に分かれて政務地域局が3局に増え、全体で5局の体制となった。

1937年7月、日中戦争直前の外務省の組織は、いわば実質的に戦前の最後の体制を整えた形となっている。それは、大臣官房の下に、人事、儀典、文書、会計、翻訳、電信の6課、東亜局、欧亜局(2課)、亜米利加局(3課)、通商局(4課)、条約局(3課)、情報部

（3課）、文化事業部（3課）、調査部（5課）という体制であった（その後1940年に南洋局が設置され6局体制）。

在外公館の方は、1870年に在外使臣制度を設け、弁務使を英、仏、普、米に駐在させた。1872年に大中小の弁務使を特命全権公使、弁理公使、代理公使と改め、ワシントン、ロンドン、パリ、ペテルブルグ、ウィーン、ベルリン、ローマ、北京の8ヶ所に公使館を開設した。また、1871年には領事を置くことを開始した。日露戦争後の1905年には、英国公使館を大使館に昇格したのを手始めに、1908年までに、米、独、仏、伊、墺、露の公使館が大使館に格上げされた。1937年現在で大使館が12ヶ所、公使館が22ヶ所、国際連盟事務所1ヶ所、総領事館36ヶ所、領事館56ヶ所であった。このように、戦前と現在とでは、外務省の組織および在外公館の数においても大きな変化が見られる。

現在の外務省組織上、研修所は大臣官房および各部局の下には属さず、施設等機関として位置づけられている。施設等機関は、国の行政機関が国家行政組織法第8条の2に基づき所掌事務の範囲内で、法律または政令の定めるところにより設置することが認められている試験研究機関、検査検定機関、文教研修施設、医療更生施設、矯正収容施設および作業施設のことを指し、外務省研修所はこのうち、文教研修施設に当たる。

例えば自治大学校（総務省）、財務総合政策研究所（財務省）、税務大学校（国税庁）、農林水産研修所（農水省）、経済産業研修所（経産省）、航空保安大学校（国交省）、海上保安大学校（海保庁）、気象大学校（気象庁）、防衛大学校（防衛省）等が各省庁の文教研修施設に該当する。

2・4　外務省研修所の現況

改善された施設の設備

本書冒頭にも触れた通り、1988年（昭和63年）の国の行政機関等の移転についての閣議決定に基づき、1省庁につき1機関を地方に移転することとなった。外務省研修所は、茗荷谷から1994年2月に神奈川県相模大野に移転し、今日に至っている。

外務省研修所の現住所は、神奈川県相模原市南区相模大野4丁目2番1号である。1995年8月には、実務を行いながら研修を受ける職員の便を考慮し、外務本省内に研修所本省分室が設置された。

研修所は、最寄り駅の小田急線相模大野駅より徒歩約10分の場所にある。敷地面積は約１万８０００平方メートル、敷地内に、本館（管理・研修棟、合宿棟）、別館等がある。

本館の管理・研修棟には、所長他所員等の執務室の他、研修に活用される施設として、語学教室（82室）、大教室（1室）、中教室（4室）、ＯＡ研修室（2室）、ＶＴＲ編集室・教材室（各1室）、茶室（1室）、図書室（1室）、講堂（1室２００名収容）がある。合宿棟には、講師用10室、研修員用80室、談話室、食堂、警備・管理人室がある。別館は２００４年に竣工し、講堂に次ぐ広さの大教室が1室設けられた。ここは、下記に掲げる各種研修の主な舞台となっている。

このように、施設設備は移転前に比べ、格段に改善されており、語学をはじめ研修内容も一段と強化・拡充されている。

研修所は、外務省の人材養成という主たる目的の他、外交の啓発、地域への貢献および市民との交流という観点から、２００２年より、（施設の工事のため物理的に困難であった２０１２年を除き）毎年、主に相模原市民および市内で学ぶ学生を対象に市教育委員会との共催で研修所において公開市民講座を開き、研修所長等による講演会を催している。筆者も、２０１９年7月に「上海から見た日中関係の現状と展望」と題して講演を行った。

2・5　二つの銅像

二人の重要な人物

外務省研修所の玄関を入ると、ホールの手前左に一つ、奥正面にもう一つ銅像が安置されてある。

それなりの大きさの像ではあるが、うっかりすると余り意識せずに見過ごしそうな位置にある。筆者も研修所長に就任する前は銅像への認識は恥ずかしながら格別なかった。

しかし、この二人は近代日本外交を語る上で欠かすことのできない貢献をなした人物である。一人は日本人、もう一人は米国人である。以下、竹内春久氏（外務省研修所副所長・シンガポール大使等歴任）が雑誌「外交フォーラム」の2002年9月号～12月号に連載した「探訪　知られざる近代外交史の群像」や幣原喜重郎『外交五十年』（中央公論新社）、外務省百年史編纂委員会編『外務省の百年』（原書房）、大野勝巳『霞が関外交』（日本経済新聞社）等に沿って銅像の由来を紹介したい。

陸奥宗光――近代日本外交の基礎を築く

まず、日本人の方は、陸奥宗光である。陸奥は1844年（天保15年）、和歌山藩士の家に生まれ、明治維新とともに外国事務局（外務省の前身）御用掛に登用される。駐米公使、農商務大臣を経て、1892年8月8日、第2次伊藤博文内閣の下で外務大臣に就任し、1896年5月30日まで務めた。明治の日本外交にあって、日本を欧米との関係で不平等条約改正を通じ「対等」にすべく尽力した第一の貢献者といっても過言ではあるまい。

1894年の日英通商航海条約締結で領事裁判権の廃止（「治外法権」の撤廃）に成功する（発効は1899年）。その後、同年中に米、伊、翌年に露、96年に独、仏、97年に墺との間で同様の新条約が結ばれる。

外務省研修所内にある陸奥宗光の銅像

日清戦争では全権大使として下関講和条約に調印、後に『蹇蹇録《けんけんろく》』を著し日清戦争の開戦から下関条約、その後の三国干渉の舞台裏を赤裸々に綴《つづ》った。同書はいわば、日清戦争を外交史の観点から記したリアリズムの歴史書である。表題は中国の「易経」から取られ、君主に忠誠を尽くすということを意味する。

陸奥は蹇蹇録の冒頭に、その執筆目的を次のように語っている。すなわち、地形に例えれば、公式記録は実測図面のように山川の高低や浅深の尺度を表すのみであるが、もし、山容水態の実態を極めようとすると写生絵画が必要となる。蹇蹇録を残したのも、まさに、日清戦争当時の外交の写生絵画を描いておきたかったからであり、公式記録とこの記録を併せて理解することによって当時の実相を把握してほしかったと述べている。

さらに、本書は、領事裁判権の廃止を目的とした不平等条約の解消、すなわち英国との条約改正についても記述している。1894年7月16日に、英国と改正された条約に調印し（ちなみに、関税自主権の回復は1911年）、同月25日には豊島沖で日清両海軍が砲火を交え日清戦争が開始された。

蹇蹇録は、当時の外交記録に基づいて執筆されていたため、暫《しばら》く一般に公開されず、1929年に岩波書店から出版されたのが最初であった。明治の近代日本外交の基礎を築いた人物による文字通り一級の外交史である。彼は、96年に外相を辞任、その翌年に享年53で没する。

陸奥像については、現在霞が関の外務本省敷地内に戦後作られた大きな新立像が設置され

外務省旧本館正面玄関前の陸奥宗光像（戦前）

ている。他方、戦前の東京は銅像の町であり、あちこちに設置されていた。外務省旧本館正面玄関前にも陸奥の旧像がシンボル的存在として置かれてあったという。

この像は、1907年に陸奥の十周忌を記念して第1次西園寺公望内閣の原敬内務大臣、林董外務大臣等が発起人となり建立された。趣意書には彼らが名前を連ねている他、賛同者として伊藤博文、山県有朋、西園寺公望、松方正義、井上馨、板垣退助、渋沢栄一の名前が確認できる。制作者は藤田文蔵《ぶんぞう》東京美術学校（現在の東京芸大）彫刻科教授であった。

10月24日に行われた除幕式の様子を原は次のように日記に記している。

　日本の外交は故伯（注：陸奥宗光）により一面目を改めたる次第にて、各国と初めて対等の位地に立つ事を得たるも此時より始まる訳なれば、之を外務省構内に立つるは決して不当にあらざるべく、外務省も亦《また》将来永く之を記念とするに足るべし。各国大使公使を始め内外来賓五百余名を超えたり。

この銅像は、戦前の外務省風景の象徴的存在でもあったが、残念ながら、第2次大戦が激しくなった1943年に金属供出の一環として撤去されてしまった。しかし、将来の再建を期した関係者は、服装部分については将来復元も困難ではないが、頭部についてはこれを残してその面影を後世に伝える必要があるとの判断から、寸断して供出せずに保管したのである。戦争末期には外務省の他の重要な物品とともに栃木県に疎開させられたが、戦後、再び外務省に戻り、大塚（茗荷谷）の研修所に安置されることとなった。

実は、終戦後、占領軍に接収されないように研修所の床下に隠していた時期があったらしい。そのような経緯もあってこの像は戦後研修所に設置されることとなったようである。ちなみに、戦前は立像であったが、戦後は保管されていた頭部を活用した胸像に生まれ変わった。

現在、外務本省構内の北側庭園一角にある陸奥宗光の銅像は、これとは別に戦後造られ、1966年12月15日に除幕式が行われたものである。銅像の再建を望む関係者の意向を受け、陸奥の没後70周年記念会（名誉会長吉田茂、会長石坂泰三）が組織され、その主要事業として、銅像の再建を図ることとなり、山本豊市東京芸術大学教授に制作を依頼したものである。

この銅像は高さ3メートル20センチで台座の高さは1メートル40センチである。ちなみに、現在研修所に安置されている戦前に造られた陸奥宗光胸像の方も、1966～67年にかけて同教授により補修が加えられている。

戦後の銅像除幕式には、佐藤栄作総理大臣、三木武夫外務大臣、横田正俊最高裁長官等約200名が列席し、遺族代表として孫にあたる陸奥イアン陽之助も出席した。筆者は外務省海外広報課首席事務官をしていた90年代中頃、インタナショナル映画社社長を務めていた陽之助氏と懇談する機会があった。陸奥宗光の長男広吉は、英国ケンブリッジ留学中にエセル・パッシグハムと恋に落ち、後に結婚する。彼もまた外交官であった。その子供が陽之助である。祖父である宗光と父広吉、そして英国人の母親の血を引き継いだ容貌が深く印象に残っている。

なお、余談になるが陸奥と並んで明治の日本外交に大きな足跡を残した小村寿太郎外務大臣の銅像は外務省にはないが、戦前（1938年）、日本が租借していた大連にあった「小村公園」に設置されていた。これは、朝倉文夫が彫塑し、碑文は当時の満鉄総裁であった松岡洋右が書いている。現在の朝倉彫塑館（日暮里）にも4メートル程の小村像が大隈重信像と同じ部屋に鎮座している。また、小村の郷里である宮崎県日南市にも別の銅像が建てられている。

ヘンリー・デニソン――日本外交の発展を陰で支える

もう一人は、外務省法律顧問のヘンリー・ウィラード・デニソン（Henry Willard Denison）である。１８４６年、ヴァーモント州ギルドホールに生まれた彼は、横浜にあった米国総領事館勤務を経て、デロング米国公使の紹介で１８８０年に外務省の法律顧問に就任する。その後、１９１４年に東京で68歳の生涯を終えるまで、34年の長きにわたって日清・日露両戦役を始め、日英同盟締結、不平等条約改正と近代日本外交の発展を陰で支えた。

明治時代、官庁や学校にはお雇い外国人として多くの技術者や教育者が日本政府から高給を得ながら働いていた。明治維新からの約30年間で約２３００名の外国人を日本政府は雇用した。外務省にも語学の教師や翻訳者が雇われていた。

ちなみに、『外務省の百年』には30名の外務省お雇い外国人が列挙されている。その中で、特別高い地位で雇用されていた外国人が外務省法律顧問であった。デニソンの当時の給与は大臣クラスに相当していたという。住宅は外務省構内の官舎が用意されていた。後に外交官領事官試験合格者として初の外務大臣になる幣原喜重郎が電信課長であった時代には自宅が隣同士であったらしい。

デニソンが外務省で勤務を始めた頃は、日本が不平等条約改正に向けて準備を始めていた時であった。デニソンは、外務省法律顧問に就任する前に横浜で米国領事代理を務め、その後、在留外国人のための弁護士業を営んでおり、この面の事情には通じていた。彼は、欧米各国の法律を調査し、条約や外交文書の草案を作成し、各国外交官とも打ち合わせをし、外務省の手足となって働いた。条約改正は1894年に英国を手始めとして各国との交渉が妥結し、1899年には領事裁判権が廃止された。

日清戦争および下関講和会議においてもデニソンはその準備を周到に行い、誠実な働きぶりを示した。1902年に日英同盟が結ばれると、日本は、ロシアとの関係で大きな選択を迫られる。そして、彼はロシアとの事前交渉、日露戦争、そしてポーツマス講和会議でも大活躍する。

外務省研修所内にあるヘンリー・デニソンの銅像

幣原喜重郎は、その著書『外交五十年』の第二部「回想の人物・時代」という項目の中で、特に「デニソンを憶う」という文章を書いている。

それによれば、デニソンは、外務省きっての英語使いであった幣原に対し、自分は文章を1ページ書くのに少なくとも3、4度は辞書を引く、それだけの注意が必要であり、筆に任せて書くというのは良くないことだと話した。それを聞いた幣原は、英語を母国語とする彼にして辞書を手元から離さないのであれば、自分は、さらに努力をする必要があると、机上にいつもウエブスターの辞書を置いて絶えず引くよう心がけたということである。

ちなみに、後輩の吉田茂によれば、入省後ロンドン勤務になった幣原は、毎朝ロンドン・タイムズの社説を日本語に翻訳し、次にはそれを自分で英語に再翻訳して原文と対照しながら研究するほどに英語の勉強に熱心であった由であり、この話は当時外務省内でも有名だったらしい。

デニソンは歴代外務大臣から絶大な信任を得ていた。彼が小村寿太郎外務大臣の指示に基づき日露戦争前に在露日本公使館宛に起案した公電は、開戦後に公になると、それを読んだ欧米各国政府の日本の立場に対する理解と同情を集め、英国に至っては、外務省入省者に文章の手本として読ませるくらいに含蓄のある文章であったという。それは、デニソンが何度も何度も推敲《すいこう》し書き直した苦心の作であった。

他方で、彼は謙虚な人格者であり、決して自分の働きを誇ろうとするところがなかったという。ある日、デニソンが休暇を取って米国に一時帰国するため、身辺整理をしていた際に、事務室の机の引き出しから彼が日露交渉の際に草案した件《くだん》の書類の束が出てきた。

これを見た幣原は、第１稿から最終案ができるまでの文章作成過程が一目で分かる非常に貴重かつ参考になる資料と考え、デニソンに読ませてくれるよう所望した。しかしながら、彼はこれを君にやると後世、デニソンは黒幕として日露交渉に主要な役割を果たしたという風評が起こる可能性がある、この交渉はまったく小村大臣によるものであり、自分はその功に参加する権利は少しもないと語るや否や、目の前にあるストーブの火中に書類を投げ込んでしまったという。

人間の性《さが》として、功は自ら取り、失敗は他に転嫁しがちであるが、デニソンの高潔な人格は凡人の企及し得ないところがあったと幣原は述懐している。幣原は、デニソンの遺言に基づき彼が残した数千部の蔵書を引き継いだが、これは残念なことに関東大震災および第２次大戦の戦災ですべて灰燼《かいじん》に帰した。

１９１４年６月20日、デニソンは脳出血で倒れ、築地の聖路加病院に入院する。７月３日、彼に勲一等旭日桐花大綬章が贈られたまさにその日、68歳の生涯を閉じた。７月７日に挙行された外務省による葬儀には、陸軍から一個大隊の儀仗《ぎじょう》兵が派遣されたという。

彼は今、青山霊園の小村寿太郎の墓の近くに眠っている。1969年編纂の『外務省の百年』（原書房）には、デニソンの項目が特に設けられ、「今でも毎年、命日がくると、青山霊園にあるかれの墓所に、外務省から人が出向いてお詣《まい》りしています」という文章で締めくくられている。

それからさらに50年が経過した現在、どのように管理されているのか筆者は詳《つまび》らかにしないが、ふと思い立ち、梅雨時の命日に、その墓地を訪ねたことがある。入り口の鉄門扉は赤《あか》錆《さび》で朽ちかけていたが、中は比較的良く管理され、季節柄青色の紫陽花《あじさい》が清楚に咲いていた。

その墓碑には次のように刻まれている。「ヘンリー・ウィラード・デニソン君、西暦１８４６年５月11日北米合衆国ヴァーモント州ギルドホールに生る。明治13年５月１日帝国外務省顧問となり爾来春秋30有余年、終始帝国外政の帷幄《いあく》に参す。日清日露の両役、韓国の併合、日英同盟の締結及び通商条約の改訂等は実に悉《ことごと》く君が心血を濯《すす》ぎし所なり。大正３年６月29日君俄《にわか》に病を得、７月３日東京聖路加病院において没す。其病革《あらた》まるや特に旭日桐花大綬章を授けられ、訃天聴に達するやさらに祭資粢《さいしりよう》を賜り深衷を表し給う。君、性高潔、風采温雅、孜々献替《ししけんたい》、挙朝《きよちよう》信頼、天下其節を高しとす。其偉勲誠に百世の亀鏡となすべし」。

１９１０年代に外務大臣を務めた石井菊次郎をして、「天が日本の外交に幸いして天降らせたようなもの」と言わしめ、日清・日露の戦役に勝利し、不平等条約改正や外交交渉において近代日本外交の陰の主役として活躍したデニソンであるが、彼の胸像も研修所の玄関ホールに設置されている。制作者は畑正吉《はたしょうきち》であり、1914年、デニソンが亡くなった年に作られた。当初、麹町にあった外務大臣官邸に置かれてあったようであるが、その後、この像も戦前の陸奥宗光像と同じ運命を辿り、戦時中の供出を逃れるために疎開を余儀なくされ、戦後、大塚の外務省研修所床下に保管されていたものと考えられている。

その後、しばらく研修所長室に置かれ、現研修所に引き継がれた。なお、研修所にはこの銅像の他、桐製の箱に収められ表面を金色に塗られたデニソンのデス・マスクが保管されている。しばらく研修所関係者によって人目に触れない場所で管理されていたが、筆者が研修所長を務めた際に、研修員および訪問者に彼の功績を広く知ってもらうべく、玄関ホールの展示ケースに安置することとした。

青山霊園にあるデニソンの墓

芳澤謙吉（元外務大臣、駐中華民国大使）が戦後の1951年、戦前日本外交の失敗を振り返る談話の中で、デニソンの「日本人はミリタリーの勇気があるが、シヴィルの勇気に乏しい」というかつての発言を紹介している。第1次大戦直前にこの世を去ったデニソンであるが、その後の日本にもたらされた大きな悲劇を鋭く暗示する発言であった。

第3章

外交官の資質

——研修で何を学ぶのか

三本の柱

2001年元旦の読売新聞での報道を皮切りに、極めて遺憾な一連の外務省不祥事が次々と明らかにされた。その後、外務省は、川口順子《よりこ》大臣の下、「改革」を通じて国民の信頼を取り戻すために、「変える会」最終報告書の提言実行を基本としつつ外務省改革「行動計画」（2002年8月21日）を取りまとめた。人事制度等の再構築や意識改革が主たる内容であるが、それに関連して研修制度の抜本的強化が謳《うた》われている。

具体的には、在外公館長を含む海外赴任予定者に対して危機管理を含む事項につき在外赴任前研修を集中的に実施すること、主に英語圏の在外研修については学位の取得（修士等）を原則とすること、公館長を始めとする在外赴任者が研修語学以外の国に赴任する際の当該語学研修を拡充すること、大学・研究機関との連携を強化すること、軍備管理や環境、テロ、貿易等分野別の専門家としての能力向上のため研究会等の場で成果を発表する機会を与えること、Ⅲ種（一般職）職員の語学力向上のため研修の抜本的強化を図ること、Ⅰ種（総合職）職員と専門職職員は在外研修中ともに外交官補に発令すること（従来は、Ⅰ種のみ外交官補・領事官補、専門職については副理事官・三等理事官の発令を受けていた）等である。

行動計画と同じ日に策定された「外務省行動規範」は省員の身分証明書の裏にも印刷されているが、その第5項目には、「外交に携わる者として能力を不断に磨き、使命感を持って行動する」と記されており、この面での研修所の役割も大きい。

さらに、２００３年3月、外務省は、日本の安全と繁栄を実現するための能動的・戦略的な外交を展開すべく、「選択と集中」をテーマに外交実施体制強化を図る「外務省機構改革（最終報告）」を発表した。

その中に、「職員研修の強化・拡充」が1項目として掲げられている。外交実施体制強化の観点からも、外務省を構成する職員各々の実力強化、専門知識および能力向上等が不可欠であるとの問題意識から、職員の基礎能力、専門能力、そして管理能力の向上を三本柱として研修プログラムをさらに強化・拡充していくことが謳われている。

特に、専門性を高めるための研修強化を図ること、さらに、中間研修制度の効果的運用、大学その他の研究機関との連携強化等外部リソースも積極的に活用することとともに、より効果的な研修の実施のため、官房、研修所および各部局の連携を一層推進することが盛り込まれている。

このような改革の方向性も踏まえつつ、現在、研修所が中心となって行っている外務省の主な職員研修には後述するようなものがある。相模大野にある外務省研修所の他、実務に携わる研修員の便宜を考慮して、霞が関の外務本省内にも研修所分室を1995年に設置した。さらに、後述の通り、在外において、あるいはインターネット等を活用した各種研修も行われている。

個別の研修プログラムにつき簡単に説明する前に、語学力および専門知識を最大限活用して国益増進のために活躍することが期待される外交官が備えておくべき基本的な資質や要件、言い換えれば外交官としての心得についてまず言及しておきたい。

3・1　外交官としての心得

必要な資質と能力

ある上司から、こう言われたことがある。「外交官と軍人は国家・国旗を背負って仕事をしている。軍人は階級が上がるにつれて前線から遠ざかるが、外交官は偉くなるほど最前線に出る」。その最たるものが大使であろう。

それでは、大使をはじめとする外交官にとって必要な資質や能力は何であろうか。それは時代背景や国際関係の変化に伴って影響される外交のスタイルにも関係してくるであろう。

近世・近代のヨーロッパでは、例えば、神学や哲学に通じ、ラテン語あるいはフランス語を流暢《りゅうちょう》に操り、高尚な趣味を持ち、由緒ある家柄で、資産家であり、容姿端麗で、左党であることが重要な要素であったかもしれない。また、愛国心があり、知性や教養に富み、歴史的視点を持ち、国際関係の流れを的確に把握し、社交的で、勤勉で、良識や節操、決断力があり、上品で、スマートで、魅力と勇気を兼ね備えていることは、時代を超えた外交官としての目指すべき普遍的な理想像かもしれない。語学力であれば、現代においてラテン語はともかく、英語くらいは使えないと外交の世界では仕事にならないであろう。

筆者の外交官試験合格体験記が掲載された『外交官試験問題集　1984年版』（受験新報編集部、法学書院、1983年）の冒頭に外務省人事課が「外交官を志す人々へ」と題して文章を寄せている。そこには、外務省が求める人物として次のようなことが書かれている。


外務省はどんな人物を求めているか、言い換えれば、外交官乃至《ないし》は外務公務員に相応しい性格・人格とはどういうものかを考えると、外務省の役割・仕事の特質等からして、次の3つを挙げることができましょう。

第1に、外務省は極めて間口の広い役所であることです。常に変動する各国の情勢を注視し、政治・経済・文化・広報はもちろん、科学・領事事務・移住関係等、極めて広い分野にわたる問題を具体的に処理しなければなりません。しかも間口が広いから奥行は浅くてもよいかというと、技術的細目はともかく、少なくとも問題の所在・本質については、それをただちに衝《つ》き得る明敏な頭脳と、物事を総合的にかつ大局的に把握するバランスのとれた柔軟な判断力を必要とします。

第2に、外務省は、日本と相手国との間における対立する利害を調整し、建設的にとりまとめて行かねばならぬ立場にあります。日本の基本的立場を維持しつつ、真の意味の調整機能を果たすためには、対人折衝能力が大切です。すなわち、大抵のことにはくじけない積極的な気性、どっしりしたハラとともに強い説得力、さらには、これに加えて適当な社交性と誰からも信頼され、好意を持たれる奥ゆかしい人柄が望まれます。

第3は、外交官というとかく、ロンドン、パリと華麗な生活を連想しがちですが、外務省の任地は世界各地にあり、しかもすべてが生活環境に恵まれているところばかりではなく、むしろそれらの大半では、苛烈《かれつ》な気候条件と必ずしも快適でない社会条件の中で、多忙な仕事に没頭することを余儀なくされます。そうした場合でも、本人はもちろん、家族も含めて、いかなる任地へでも喜んで赴任する気構えと、これらに耐え得るだけの頑健さが望まれる訳です。

『公務員の仕事シリーズ　外交官の仕事がわかる本』（改訂第３版）（法学書院、２０１５年）には、当時の四《し》方《かた》敬《のり》之《ゆき》外務省人事課長が「巻頭のことば」を寄せているが、そこには、「外交は、国と国との付き合いが基本ですが、突き詰めると国を代表している個人と個人の関係に還元されることが多いものです。それだけに、日本の外交を担う一人一人の外務省職員には、柔軟な思考力、交渉力、コミュニケーション能力、高い外国語力、豊かな人間的魅力など多くの資質が求められます」との言及がある。

７つの美徳

筆者が、１９８０年代前半、外務省を目指して外交官試験の準備をしていた大学生時代に、外交について書かれた必読書があった。20世紀前半に活躍した英国人外交官ハロルド・ニコルソンが著した題名もそのものずばりの『外交』（Diplomacy）という本である。初版は、戦前の1939年に出版されている。学生当時に一読した際には、実体験を持っていない若者の一人として、そんなものかといった抽象的なイメージしか湧かなかったが、今、外交実務を40年近く経験した上で、読み直すと非常に味わい深いものがある。特に、彼が、理想的な外交官の要件として挙げているいくつかの資質は、その一つ一つが我が意を得たりと納得させられるものばかりである。

彼は、外交交渉の基礎は、道徳的な力であり、その力は、次の7つの外交上の美徳に基づいていると述べている。すなわち、「誠実」(Truthfulness)、「正確」(Precision)、「平静」(Calm)、「機嫌」(Good Temper)、「忍耐」(Patience)、「謙虚」(Modesty)、そして「忠誠」(Loyalty)の7つである。

権謀術数、騙《だま》し騙され、また、時として条約が「一片の紙切れ」として扱われ、英国の首相パルマーストンの名句である「英国には永遠の友も敵もなく、国益のみが永遠である」という冷徹な側面が外交の世界にあることは、否定できない事実である。お人好《よ》しでは外交官は務まらない。しかしながら、国家の長期的な信用と安全、そして繁栄を確保するためには、ニコルソンの唱える外交官の資質はやはり必須の要素であると考える。

誠実 ―― 第１の要件

第１の要件である誠実は、たまたま最初に掲げられている訳ではなく、外交官の備えるべき資質の中でも最重要の要素としてまず言及されるべきものと筆者も考える。相手国の交渉相手との信頼関係構築の上で、誠実さは欠くべからざる最重要の資質である。仮に嘘偽りによって短期的な成果を得たとしても、それは、不安定で一時的なものに過ぎない。その虚偽、すなわち不誠実さが露見した暁には、本人自身の評価を長年にわたって地に落とすのみならず、本国外務省ひいては同国そのものの名誉と評判を毀損《きそん》することにもなりかねない。バイおよびマルチの政治交渉しかり、貿易交渉しかり、軍縮交渉しかり、気候変動交渉しかり、各々の世界の交渉者たちは意外と狭い世界で働いており、何度も同じカウンターパートを相手に仕事をすることになる。このような中で、誠実さを欠く人物という評価を受けてしまった交渉者は二度と同じサークルの中でまともには扱われないであろう。

これは、筆者自身の実感にも合致する。筆者が優れた尊敬に値する外交官と考える人々は、日本人であるか外国人であるかを問わず、一貫性があって人間としての誠実さを兼ね備えた人たちである。この人は信用が置ける、この人がここまで言うのならば何とか打開策を考えなければならない、あるいは、交渉の落としどころをそろそろ真剣に考えなければいけないとの思いは、交渉者である相手国外交官の誠実な言動を通じて当方の心に訴えかけてくる時にこそ感じるのではないだろうか。また、このような交渉者であればこそ、当方も同じ誠実さを基調として交渉に応じることができる。もちろん、あらゆる場面で誠実さのみが通用するとは思わないが、外交における最重要の要素の一つであることは間違いない。

フランスの著名な外交官フランソワ・ド・カリエールは、1716年に『外交談判法』を著した。18世紀の外交官にとっての教科書ともされたが、彼も同書の中で、交渉家にとって必要なことは嘘をつかない人だという評判を確立することであると述べ、誠実さの重要性を強調している。なぜならば、それが相手方との信頼関係を保ち、持続的交渉を成立させるための必須の条件だからである。

その他、歴史上の多くの外交家が共通の問題意識を有している。例えば、日露戦争時の外務大臣であった小村寿太郎は、自分に人より優れているところがあるとすれば「誠」の一字であると述べ、それを若い人たちにも力説し望んでいる。18世紀から19世紀にかけて活躍したフランスの政治家であり外交官であったタレーランも誠実さを外交官の第一義的素質に挙げている。

小和田恆《ひさし》外務次官（当時）は、1993年4月30日、外務省研修所（茗荷谷）において新入省員に対し講話を行っている（『参画から創造へ』〈都市出版〉）。その際に、外交官に必要な4つの「I」としてIntegrity、Insight、Intellectual Curiosity、Individualityを挙げているが、第1のIntegrityは言い換えれば首尾一貫し、裏表のないこと、すなわち誠実であるということである。

正確――第2の要件

第2の要件は、正確さである。外務本省と在外公館との間では、通常、公電で送られる文書に基づき業務を遂行する。例えば外務大臣から出先の大使に対して、公電で訓令が発出される。それを受けた大使は、自らあるいはしかるべき館員をして、任国政府（主に外務省）に対して、当該訓令を正確に執行せしめる。その後、先方から得た回答や反応を正確に聴取し、記録し、本国外務省に正確に報告する。一連の交渉を行う場合は、毎回の経過をこれまた正確に記録する。情報収集活動においてもしかりである。

外交の世界は、当方および相手国の意図や立場、方針につきお互いに誤解のないように、正確さをことのほか重んじるのが基本中の基本である。さもなくば、不正確な情報と中途半端な理解に基づき、予期せぬ摩擦や衝突を国家間にもたらしかねない。

以上のような知的正確さに加え、ニコルソンは、道徳的正確さの重要性も強調する。外交官は得てして言い抜けの余地を残したがる。いわば、「表が出れば私の勝ち、裏が出ればあなたの負け」式のどっちつかずの現地報告書を本国に送りがちである。判断の間違いを後で非難されないために、明確な意見を述べることを回避し、どのような結果になっても言い逃れができる曖昧《あいまい》な結論の文章になることも少なくない。また、本国からの強硬な訓令に接した場合に、出先の外交官が訓令内容を薄めて相手国に伝えたり、自分は本国の訓令内容とは異なった意見を持っているかのごとき宥和《ゆうわ》的立場を示唆《しさ》したり、といった行為を道徳的正確さの欠如として批判している。

平静 —— 第3の要件

第3の要件は、平静であることである。怒りや悲しみ、喜びや嫌悪の感情に左右されて興奮してしまうと、本来行うべき冷静で的確な判断を曇らせる恐れがある。言うべきでないことをつい口走ったり、言いすぎてしまったり、表現の仕方が荒っぽくなったり、あるいは、本音が出てしまったりすることがある。外交上のカウンターパートとの関係の中で、相手方の不愉快、不誠実な言動、高慢と偏見に彩られた対応に直面した場合においても、外交官は、個人的な遺恨や憤怒、嗜好《しこう》、虚栄によって自らの身を興奮に任せてはならない。そして、この平静という資質は、次の第4および第5の要件にも深く関わってくる。

機嫌 ―― 第4の要件

第4に機嫌である。外交官はいつも良い機嫌の状態である必要があり、少なくとも不機嫌にならないように努める必要がある。相手側の不愉快な言動に逆上し、感情的な行動をとってしまうと取り返しのつかない事態を招く可能性がある。本人の人間性に傷がつくのみならず、本国の威信にも関わる。また、機嫌の良い人には話がしやすい。

忍耐 ―― 第5の要件

第5に忍耐である。外交は相手のある世界である。また、国内で完結する営みとは異なり、国際社会は、最終的に当否を有権的に解釈したり、強制力を持って従わせる権力を必ずしも完備した体制ではない。したがって、当方の100％思う通りに事が運ばないのが通例であり、順風ばかりではなく逆風も吹いてくる時がある。短期的な利害得失や強引な処理にはやることなく、時として当初の方針を柔軟に修正しつつ忍耐を持って対応する必要がある。

謙虚――第6の要件

第6の要件は、謙虚である。外交官が自惚《うぬぼ》れを持つとタチが悪い。自惚れは自己の勝利に陶酔させ、打ち負かした相手の憎悪を高める。自惚れのため、自分の誤りを正す機会と勇気を失ってしまうかもしれない。自惚れが視界を曇らせ、精神を硬直させ、適応性を失わせてしまう。

謙虚さは、相手を気持ち良くさせ、情報を集めやすくさせ、あらゆる対象への柔軟性と適応性を高める。人の自慢話を聞かされることを好きな人はいない。いかに、自分が偉大で傑出した優れた人物であるかを自慢する人は疎まれる。筆者がこれまで、接してきた様々な分野で一流と言われている人に共通した特質は、謙虚で聞き上手が多いということである。人の話を興味深くよく聞いてくれる人には、ついついいろいろな話をしてしまい、結果としてそういう人には情報も集まる。

忠誠 ―― 第7の要件

第7の要件は、忠誠である。外交官は、当然ながら自国に忠誠を誓い、自国の国益を代表している。任国を理解し、任国の言葉を話し、任国の文化と歴史に敬意を表することは重要であるが、任国を代弁するかのごとくその国への感情的な思い入れで盲目になったり、あるいは、その逆に任国を悉《ことごと》く嫌悪するということが時として起こり得る。しかしながら、職業的見地からは、相手国を情緒的に捉えるのではなく、本国の国益を基本に、あくまで理性的、戦略的にアプローチする視点が必要である。その立脚点は、本国への忠誠である。

21世紀に入り、グローバリゼーション、通信・交通の発達、情報技術の飛躍的進歩といった外交を巡る国際環境の大きな変化に伴い、外交スタイルも自《おの》ずと改革を迫られている。しかしながら、国際関係の最前線で任務を遂行する生身の外交官の資質や要件には時代を超えた普遍的な要素があることを痛感する。外務省研修所のプログラムの中にも、以下に紹介するような語学、外交実務や専門分野の講義、演習、実習に加え、総理大臣経験者、官房副長官経験者、各省次官経験者、大使経験者や外務次官、研修所長、人事課長等による講話等も組み込まれており、外務公務員としての職業意識を高め、その資質を涵養し、能力を向上させるための努力が払われている。

3・2 外務省の同期

同期26人の歩み

筆者は、1982年度外務公務員上級職試験を受け、1983年4月に外務省に入省した。この試験の同期は筆者を含めて26名(うち、女性1名)であった。研修語の内訳は、英語12名(英5、米6、豪1)、仏語4名、西語2名、独語2名、露語2名、中国語2名、韓国語1名、アラビア語1名である。ちなみに、1957年度試験で女性が1名採用されて以降、1977年度に2名が採用されるまで女性キャリアの採用はなかった。それ以降は基本的に毎年採用されるようになった。2020年4月に入省した総合職職員は30名で、うち女性は16名と外務省の歴史が始まって以来、初めて過半数を占めたことを考えると隔世の感がある。

ちなみに、筆者の同期に外交官2世ないし3世はおらず、ほとんどが普通のサラリーマン家庭出身である。

２０２０年3月現在、26名の同期は、特命全権大使12名（本省勤務者を含む）、特命全権公使1名、総領事1名、本省勤務者6名（特命全権大使を含む）、各省庁出向者1名、公的機関出向者2名、国際機関出向者1名、辞職者3名、物故者1名である。

学閥は存在しない

これら同期のキャリアを振り返ってみると、研修言語によって、その後の本省および在外のポストが一定程度決まる側面は否定できない。しかしながら、それもケース・バイ・ケースであり、その時々の外交案件や特別な行事、本人の特性、前任・後任との関係等のタイミングを含む様々な人事上の都合により左右される要素が大きく、最初から見通せる人事はおよそないと考えてよいであろう。

研修語地域の勤務が比較的多い者と少ない者、在外勤務の長い者と本省勤務の長い者、特定の分野を比較的集中して担当するスペシャリスト的な者と経済から政治、安保、官房まで幅広く担当してきたオールラウンド型の者といったように千差万別であり、必ずしも固定したキャリア・パスがある訳ではないことが分かる。

また、将来要職に就くための登竜門として若い時代に配属されるべき特定の出世コースがある訳では必ずしもないことも分かる。

筆者自身については、中国語研修を命じられた時点で本省中国課や中国にある在外公館に勤務することになるだろうとの漠然とした見通しはあったが、在外研修を含め中国に5回も在勤することになろうとは思ってもみなかったし、また、米国にも3回、その他、マレーシアやベルギーに勤務することになること、結果として本省でも在外でも経済、広報・文化分野を担当することが多くなるということは入省した頃にはまったく想定できなかったことである。

なお、外務省についてよく言われることであり、筆者の実感としてもその通りだと思うことは、外務省には学閥がないということである。筆者の同期26名の内訳は、東大14名、一橋大4名、京大3名、早大2名、上智大1名、国際基督教大1名、防衛大1名であり、東大卒が半数以上であるが、卒業大学とその後の経歴とは関連性がない。そもそも省内で出身大学が話題になることはほとんどない。

臨機応変な人事

異なった勤務地および業務内容を重ねていき、ジェネラリストとして養成される要素が強い総合職、地域および分野の担当としての活躍を期待される専門職、外務本省・在外公館の基盤となる官房・領事・情報通信・営繕等の分野で貢献を期待される一般職という職種の違いがあるが、現在では従来にも増して異なる職種間の壁は低くなっており、また、同一職種内での人事も横並びを廃した臨機応変な運用が珍しくなくなっている。

例えば、総合職職員については、将来管理職、さらには幹部職員として活躍することが期待されている。

専門職職員は地域・分野で活躍することが期待されるが、専門家として活躍するコースの他、管理能力を備えていると認められる優秀な職員については外交課題の多様化や外交機能の強化に伴い、課長等の本省管理職や大使・総領事への昇進機会が増えている。

また、一般職職員については、会計、情報通信、領事、総務・渉外等の分野で専門家を目指すが、特に優秀な者については在外公館領事部長、本省室長、さらには在外公館長に抜擢されることもあり得る。

このように多種多様な人材を、若手・中堅・管理職といった年代に応じて養成していくための職員研修には具体的にどのようなプログラムが用意されているのだろうか。

3・3　課長相当職以上の職員研修

第1部研修

外務省研修所研修規則第1条には、研修区分として第1部〜第6部が列挙されている。そのうち、第1部研修は、課長相当職以上の外務職員に対する研修を行うこととなっている。しかしながら、実際には多忙な課長相当職以上の職員を同時期に一定の場所に集めて研修を行うのは容易ではなく、現在、第1部研修という名称の下での課長相当職以上の外務職員に対する包括的な研修は研修所では行われていない。

ただし、実態的には第1部研修は、人事課による課室長研修（マネジメント研修等）や、それぞれ内容に応じて各種研修の中に組み込まれている。在外公館赴任に際しては、以下の通り館長・次席等に対する赴任前研修や担当課による個別ブリーフィングが行われている。

また、後述するように人事院公務員研修所による課長級研修が別途行われている。

3・4　外務省新規採用職員の研修

第2部～第4部研修は、外務省が新規に採用する職員の研修である。これは、総合職職員（第2部研修）、専門職職員（第3部研修）および一般職職員（第4部研修）に分かれる。

第2部研修

第2部研修については、国家公務員採用総合職試験合格者（毎年約25～30名）を対象に、語学研修および外務講義等を実施する。入省直後の本省実務あるいは将来の在外公館勤務に当たっての基本的な心構えや知識、語学等を習得するための前期研修（4月～5月中旬）、本省で配属される各課室での実務を経験しながら週2回語学授業を受講する中期研修（5月～翌々年3月）、そして、在外研修に出る直前の最後の集中的な研修である後期研修（翌々年4月～6月）という3段階の国内研修を合計約2年3ヶ月行う。なお、第2部研修員については、例年入省後の早い段階で人事院主催の国家公務員（総合職）合同初任研修、初任行政研修にも参加する。

国内研修を終了した後、入省3年目の夏より語学によって2年ないし3年の在外研修のため海外赴任する。在外研修の部分は、以下に述べる各部在外研修を含め人事課が実施している。研修先は主に各国の大学・大学院である。

研修語は、英、仏、独、西、露、中、アラビア語であり、年により韓国語、葡語が加わる。通常、在外研修は2年間であるが、露、中、韓、アラビア語、葡語の在外研修は3年間と通常より1年長く、米英での1年間の研修を含む。

ちなみに、総合職試験合格採用者（第2部）および次に述べる専門職試験合格採用者（第3部）につき、若い時期に毎年70～80名程度全員を海外の大学等に2～3年長期留学させる制度を持つのは日本の外務省くらいであろう。この制度の持つ中長期的な意義は極めて高いものがある。

第3部研修

第3部研修については、外務省専門職員採用試験合格者（毎年約50名）を対象に、第2部と同様の語学研修および外務講義等を実施する。第2部研修員と異なる主要な点は、国内研修が1年短いということと研修語学がより専門化しているということである。後期研修を入省翌年4月〜6月に行い、約1年3ヶ月の国内研修を行って後、入省2年目の夏より2年(アラビア語の場合は3年)の在外研修を行う。研修先は第2部研修員と同様、主に各国の大学・大学院である。入省2年目に在外研修に出る理由は、専門職職員の場合には、特殊語学研修者も多く、早い段階で在外研修を行う方が語学習得の観点から効果的であろうとの判断からである。第3部研修員の研修語は、約40言語の中から指定される。

具体的には、英、仏、独、西、露、中、韓、葡、インドネシア、タイ、モンゴル、マレー、ペルシャ、ウルドゥー、ヒンディー、シンハラ、ミャンマー、ラオス、カンボジア、ベトナム、ベンガル、フィリピノ、伊、ギリシャ、スウェーデン、ノルウェー、デンマーク、ハンガリー、フィンランド、ルーマニア、ポーランド、ブルガリア、チェコ、スロバキア、オランダ、セルビア、クロアチア、トルコ、カザフ、ヘブライ、スワヒリ、ウクライナ、アラビア等の各研修語であり、その時々の国際情勢の変化も踏まえて具体的な研修語が決定される。したがって、研修員の中には、大学時代に専攻で学んだ外国語を指定される場合もあれば、まったく初めての外国語の研修を命ぜられる場合もある。

なお、第2部・第3部研修の一環として、既述の通り、採用試験制度の変更により、入省前に必ずしも全員が十分学習しているとは限らない国際法や外交史、経済学、憲法の外務講義を従来以上に強化している。例えば国際法については、第2部・第3部研修員ともに、前期研修で学者からの集中講義を受けるとともに、入省年の夏の1週間、研修所で本省国際法局実務担当者から集中講義を受ける。

また、在外研修前年の夏、第2部・第3部英語研修員は翌年の英米の大学院等での在外研修のためのエッセー文や願書作成、TOEFL・IELTS・GRE等の試験対策等出願準備のための英語集中研修を約2週間（40時限）、研修所で受講する。

筆者が研修所長として関わった平成最後の第2部・第3部前期研修（平成31年4月入省者）および後期研修（令和元年の夏に在外研修に派遣される研修員、すなわち、第2部は平成29年入省者、第3部は平成30年入省者）を例に挙げて研修の大枠を説明すると、次の通りである。ちなみに、研修の1時限は原則80分で、通常1日の研修は朝9時半に開始し、午前2時限、午後3時限である。第5時限が終了するのが17時50分である。収容人員の関係で約80名が合宿棟で生活し、その他の研修員は自宅通勤である。

前期研修員は、第2部28名（うち、女性12名）、第3部48名（うち、女性23名）の計76名、研修期間は、第2部については2019年（平成31年）4月1日～5月10日、第3部は4月

外務省入省式（平成30年度）

1日〜5月17日であった。

4月1日、外務省講堂で行われた新入省員入省式の挨拶において、河野太郎外務大臣（当時）は英語力の重要性に言及しつつ、その上で「英語ができるからといって外交ができる時代ではない。一人ひとりが人間としての魅力も身につけてほしい」とつけ加えた。

前期研修は、外務省員としての基礎づくりのための研修である。この年の前期研修において研修員が命じられた語学は、英、仏、独、西、露、中、韓、アラビア（以上第2部第3部研修員）、葡、伊、スワヒリ、トルコ、ハンガリー、ヒンディー、ペルシャ、カンボジア、ギリシャおよびフィリピノ（以上第3部研修員）の各言語であった。

外務講義につき、特に全員に対して国際法の集中講義、第3部研修員に対して憲法または経済学（専門職試験で選択しなかった科目）の集中講義が設けられた。外務講義の講師は基本的に外務省の課長クラスの現役職員であり、学者の場合も一部あった。また、後期研修員と合同で外務省および他省庁事務次官経験者の特別講話が行われた。なお、第2部研修員は、4月3日〜5日の間、人事院の主催する国家公務員合同初任研修を代々木の国立オリンピック記念青少年総合センターにて受講した。

後期研修員は、第2部26名（うち、女性7名）、第3部47名（うち、女性25名）の計73名であった。研修期間は、2019年3月1日〜5月17日の約2ヶ月半（通常4月より開始され、研修期間は6月末までの約3ヶ月であるが、この年は6月下旬に行われたG20大阪首脳会合関連作業等に研修員が動員されることになっていたため、後期研修の開始時期を1ヶ月早めるとともに、内容を減らさない前提で期間も多少圧縮して集中的に行った）であり、研修概要はおおよそ次の通りであった。

この年の後期研修員が命じられた語学は、英、仏、独、西、露、中、アラビア（以上第2部第3部研修員）、韓、葡、インドネシア、オランダ、スロベニア、タイ、チェコ、トルコ、ヒンディー、ベトナム、ヘブライ、ペルシャ、ベンガル、ポーランド、モンゴル、ラオスおよびルーマニア（以上第3部研修員）の各言語であった。

外務講義の内訳は、外務省・各府省庁次官経験者や研修所長等による在外研修および外交官としての心構えに係る講話、また、各大学・機関、外務省等政府関係者、文化人等による実務、専門、教養授業等である。

その他、広島への実地研修が１泊２日であった。広島では、被爆の実相や広島市の平和への取り組みを学ぶために、５月13日〜14日の日程で国立広島原爆死没者追悼平和祈念館、平和記念資料館、原爆ドーム等視察、被爆体験証言の聴講、広島平和文化センター理事長による講義、副市長訪問を行った他、江田島の海上自衛隊幹部候補生学校等を視察した。この時の様子はＮＨＫ・民放テレビが地元ニュースで報じた。

ちなみに、後期研修期間中、日独外交官交流プログラムに基づき、ドイツ人若手外交官を我が方外務省で受け入れたが、プログラムのうち、約１週間、広島実地研修を含め研修所が主催する研修に参加した。

なお、後期研修期間中、各研修員は在外研修先大学等の入学手続や、予防接種等赴任に当たって必要となる諸手続の準備を並行して行う。

第４部研修

第４部研修については、国家公務員採用一般職試験（高卒程度）合格者（毎年約60名）および一般職試験（大卒技術系）合格者（毎年若干名）を対象に、入省直後の約１ヶ月間、初任研修として、外務公務員としての心構えと基礎知識、一般職職員として期待される業務、外交の基礎知識、社会人としてのマナーや心構え、英語研修等を行う。

筆者が研修所長として担当した平成31年度初任研修について述べると研修員は53名（うち、女性30名、大卒技官７名〈営繕、情報通信〉）であった。研修期間は平成31年４月１日～26日の約１ヶ月であり、第２部および第３部の前・後期研修と時期が重なっていたため、外務省研修所（相模大野）の物理的な制約から本省研修所分室で研修が行われた。

語学（英語）研修は、研修修了に当たってＴＯＥＩＣ試験等も実施され、１ヶ月間の英語能力の上達が数字でも確認できた。外務講義は外務公務員としての心構えと基礎知識、一般職職員として期待される業務、日本外交の基礎知識、マナーや社会常識等の講義が行われた。その他、研修所長や副所長等の講話やグループごとに分けて懇談の機会も設けた。

その後、実務研修の傍ら、１年目（Ⅰ期）は６月から翌年２月、２年目（Ⅱ期）および３

年目（Ⅲ期）は5月から翌年2月にかけて週1回80分の英語研修を受講する。4年目（Ⅳ期）は5月から翌年2月にかけて週2回各90分の語学研修を行う。Ⅳ期においては、Ⅰ期〜Ⅲ期の間、TOEIC等で英語能力が一定水準以上であると判断された研修員については英語以外の言語を選択することができる。具体的な選択可能言語は、仏、西、中、露、葡の各語であり、本人の意向を踏まえ人事政策上の観点から決定される。4年目の語学研修を終えた3月には、約1ヶ月（午前中）の期間、在外公館赴任に必要な各種官房研修（領事、通信、会計等）を行う。

第4部研修員については、このようにして入省後約4年間の研修をともなう国内勤務を経た後、原則として5年目に在外公館勤務を開始する。なお、一部の優秀な職員については、在外公館赴任後、語学学校等で6〜12ヶ月の在外語学研修の機会も与えられる。

一般職のうち、大卒技術系については、技術系区分の「建築」、「電気・電子・情報」および「機械」のいずれかから採用されている。これは、外務省が在外公館の新築・増改築、保全・維持管理、不動産売買等の業務を独自に行っていることから、営繕業務を担当する技術系職員を、また、外務本省と250以上ある在外公館との間でやりとりする外交業務を円滑に行うための通信ネットワークや業務システムの開発・運用等情報通信関係の業務を担当する技術系職員を毎年若干名求めていることが背景にある。これら一般職（大卒技術系）にて採用された職員は、通常入省3、4年目に1年間の在外英語研修の機会が与えられる。

なお、中途採用試験（一般職扱い）に合格し採用された職員に対しては、採用から2年以内に、英、仏、西等の言語のうち、1言語を履修させ、週2回、約9ヶ月の国内研修を通じて将来の在外公館での実務に必要な語学力の習得およびコミュニケーション力の向上を図っている。

中途採用者（選考採用者）等研修

在外公館派遣員・専門調査員を経験し、あるいはそれ以外の者で中途採用試験（選考採用試験）に合格した職員（多くは一般職または専門職扱い）および業務上の必要性ないし育児休暇等の代替職員として任期付で採用された職員に対して外務省職員としての自覚、意識を涵養し、職務遂行に必要な基礎知識を習得させるために、公務員倫理、外務省職員としての心構えや官房、電信、領事等の実務知識、外交政策や日本の外交課題等に関する研修を実施している。年間3回行われており、毎回約30名が参加している。一部は後述の外交実務研修と合同で行っている。

3・5　在外公館勤務予定者の赴任前研修

次に、近く在外公館勤務が予定される職員に対し行われる赴任前研修について紹介する。おおむね以下のようなコースが用意されている。

第5部研修

第5部研修については、外務省職員に併任されている他府省の職員等で翌年に在外公館に勤務する予定の者を対象にした研修である。毎年約160名前後が9月～11月の3ヶ月弱の期間、在外公館職員として任務を遂行するに当たって踏まえるべき基本的な心構えや教養、語学力の習得を研修所において図ることを目的とする。出身府省は、内閣府、警察庁、総務省、法務省、財務省、文科省、厚労省、農水省、国交省、環境省、防衛省、会計検査院、公正取引委員会、衆参議院、最高裁等からの出向者である。その他、経済団体や労働組合からの参加者もいる。

研修語は通常、英、仏、独、西、露、中、韓、伊、葡語であり、赴任予定地の言語に応じて研修する。外務講義については、在外公館職員として必要な外交、国際関係、日本文化、教養等各分野の授業や実習等が用意されている。また、本省担当者より赴任予定地の情勢等につきブリーフィングを受ける。横浜にある米国務省日本語研修所研修員との相互訪問交流等も行われている。

出身省庁の業務や発令の都合上、必ずしもすべての対象者が在外公館赴任前に第5部研修を受けるに至っていないことは、長年の課題である。

警備対策官研修

在外公館警備対策官のための研修である。米国の在外公館では海兵隊が公館警備を担当しているが、我が国の場合は、外務省プロパー職員の他、警察庁、法務省、国交省、防衛省等関係省庁からの出向者並びに警備会社から任期付で外務省職員として在外公館に勤務する者が任務を担当している。

彼らプロパー職員以外の警備対策官は、研修所において1月〜2月の約2ヶ月間、在外公館警備対策官として警備任務を遂行するに当たっての基本的な心構えや領事事務を含む専門知識および語学等を習得する。在外公館の業務量と実員不足の関係で、多くの警備対策官は領事業務等を兼任している。研修語は、赴任先に応じて第5部研修と基本的に同じく英語を含む10ヶ国語近くの言語の授業が用意されている。

地方自治体出向職員の外交実務研修

外務省は、人事交流の一環として、都道府県等地方自治体職員を外交実務研修員として本省に毎年約20名程度受け入れている。通常の場合本省各課に配属され2年間の東京勤務を終えた後に外務省職員として在外公館に2年勤務する（一部は本省勤務のみ）。このような対象者に対して、毎年約7ヶ月の語学研修を行っている。研修言語は英、仏、露、中等の言語である。

外務省職員の赴任前研修

通常の外務省職員で、大使・総領事といった公館長および次席グループ（A）とその他の職員グループ（B）の2つに分けて在外公館赴任の発令済または発令予定の職員のための事前研修を年4回に分けて数日間ずつ実施している。緊急時対応やメディア・トレーニングを含め、在外公館業務の遂行において現場での的確な判断と問題処理をより実践的な形で習得することが主な目的であり、具体例を盛り込んだ実践的な研修を特徴とする。また、その際に安全対策研修等も必要に応じて設けている。

3・6　中堅外務省職員の語学研修

本省や在外公館に勤務中の中堅・若手職員に対し、語学力の維持・向上を目的とした研修プログラムがいくつか用意されている。

通訳研修

外務省では、G7等での首脳同士のやりとりの同時通訳等を除き、業務に係る交渉、情報収集、会見、意見交換、会話等で通訳が必要な場合は、基本的にすべて外務省員が逐次通訳やウイスパリングの形でこれを行っている。したがって、単に自分自身が外国語を使って業務を遂行すること以外にも、通訳を行うという技術や経験を有する高度な語学力も一定数の職員に対して求められる。

このような人材の養成のため、在外研修を終えて在外公館勤務を開始した若手職員を対象に、各在外公館において通訳研修を実施している。さらに、一部指定された職員につきインターネットを通じた英語通訳研修も行っている。また、本省においても、半年ないし通年の通訳研修を実施している。

非英語職員英語研修

総合職、専門職、一般職等の採用区分にかかわらず、外交の最前線で活躍する本省中堅非英語職員につき、外交業務遂行上の重要な手段である英語力の向上を図る研修である。原則入省5年以上の対象希望者に対し半期ごと（昼クラスは50分授業を週2回、夜クラスは90分授業を週1回）の英語コースを設けている。

職能別にコースを設定し、国際会議や外交交渉で通用する実践的英語や情報収集、官房・領事・秘書業務等に必要なコミュニケーション能力等日常業務に必要な英語運用能力を高めることを主目的としている。

非英語職員英語夏期集中研修

非英語を研修語とする、本省勤務の総合職および専門職の若手職員並びに一般職の指定された職員のための1週間の英語夏期集中講座を設けている。国際会議、外交交渉、広報、対外業務等本省業務を遂行する上で必要な実践的英語力を習得させることを目的としている。

研修内容は、英文時事論評等の日本語での要旨作成、英語の書き取り、要約作成、交渉・会議での的確かつ説得力のある表現、ディベート、パワーポイントを用いた主要外交課題に関するプレゼンテーション、実務用のメール作文等各種の英語演習である。

専門語研修

当該外国語による在外研修（留学）を終了したか、あるいは、それと同等以上の語学力のある本省職員希望者に対して、約35言語のコースを通年（約25時間）で設けている。実務に必要とされる専門言語の語学力向上を図るものである。例えば平成30年度（2018年度）については、32言語のコースが実施された。

英語電子メール添削研修

本省および在外公館に勤務する職員（育休、産休者を含む）で希望者に対し、半期ごと（月1回、計5回）の初級から上級までを対象に英語電子メールによる書簡起案、時事日本語の英訳およびスピーチ原稿作成等、特に実務に必要なライティングの維持・向上のための添削コースを設けている。研修期間は６ヶ月である。

オンライン語学自主研修

本省および在外公館に勤務する職員で英語による業務対応のための基本的能力向上が必要な省員に対し、その向上を目的とした６ヶ月のオンライン・コースを設けている。基本的には一般職の若手および中堅職員を主な対象としている。リーディング、リスニング等基本的な英語能力の学習およびビジネス英会話の演習を行っている。１回約30分の研修を約50回程度実施する。受講者は、自身の端末（私用パソコン、タブレット、スマートフォン等）を用いて研修する。

現地語研修

４級以上の在外公館職員のうち、指定する者に対して通年で任地の言語を研修する機会を用意している。外交の最前線に立つ在外公館職員は、自身の専門語学は当然ながら、勤務地で使用される言語についても外交業務の遂行に必要な語学力を備える必要がある。研修は、語学学校等への通学または個人教授によるものとし、研修期間は原則1年で、1週間に2回程度の授業を受け、授業料を一定限度で補填《ほてん》する。

特殊語学研修

3級以下の在外公館職員のうち、主に在外研修を修了した者に対して、自身の専門外国語以外の語学赴任地に配属される場合に、現地専門語を学ぶ機会を設けている。対象言語は約60言語である。研修は、語学学校等への通学または個人教授によるものとし、研修期間は原則1年で、1週間に2回程度の授業を受け、授業料を一定限度で補填する。

領事・官房職員等語学研修

3級以下の在外公館職員のうち、領事、警備、官房等の業務に従事する指定された者に対して通年で英、独、仏の言語を学ぶ機会を用意している。研修は、語学学校等への通学または個人教授によるものとし、研修期間は原則1年で、1週間に2回程度（1回1時間程度）の授業を受け、授業料を一定限度で補填する。

３・７　役職に応じた研修

それぞれの役職に応じた知識・能力を高める各種研修を年１回または随時、研修所または本省等で行っている。具体的には、課室長研修、首席事務官（他省庁における総括課長補佐に相当）研修、秘書業務専門研修、会計・領事・通信実務研修、開発協力セミナー、ＮＧＯ研修、情報公開研修、政策評価研修、能力強化研修等である。

また、能力強化研修の一環として、国際法や外交史、さらにバイに比較して日本人が一般的に苦手意識のあるマルチ外交（国連、ＷＴＯ、多国間経済連携、国際司法、気候変動、軍縮・不拡散等）のための研修や人材育成セミナー、プレゼンテーション研修、メディア・トレーニング等も随時行われている。

さらに、中堅職員を内外の大学・研究機関に派遣する中間研修も年間若干名が対象となっている。最近の実績では、ハーバード大学、スタンフォード大学、ケンブリッジ大学、英国王立国際問題研究所（チャタム・ハウス）、政策研究大学院大学等である。

3・8　その他の研修

第6部研修

外務省研修所研修規則第1条7項によれば、第1部〜第5部研修に掲げられている者以外の外務省職員に対する研修は第6部研修と位置づけられている。

館長や次席等が非英語圏の在外公館に赴任する場合に、希望者が赴任先の語学初級を事前に学ぶ機会を設けている。例えば、在中国大使館に近く次席公使として赴任する英語研修者が赴任前に中国語初歩を一定期間学ぶといったケースである。これは、赴任前研修の一環でもあるが、このような研修は第6部研修に含まれる。

外務省職員以外の者の研修

以上の研修は、他省庁からの出向者を含めた広い意味で外務省職員のための研修であるが、この他、外務省研修所規則第4条に、「所長は、特に必要があると認めるときは、外務省職員以外の者に対し、研修を受けることを許可することができる」と規定されている。

例えば、外務省職員等が在外公館に赴任するに際して、その配偶者については、在外公館職員ではないものの、公的な行事を含め配偶者帯同で参加する機会も少なくなく、また、配偶者による交流行事やバザー活動等も赴任地によっては活発な場所もあり得る。さらに、在外公館職員と配偶者、あるいは館長配偶者と館員配偶者の間の適切な関係等についての理解を深めるために、館長配偶者研修および館員配偶者研修がそれぞれ年に２～３回程度行われている。

館長配偶者研修については、その役割、公邸維持管理、公邸料理人の探し方・使い方、英語の公的スピーチ等の講義が、また、館員配偶者研修については、赴任準備や子女教育、エチケット、メンタル・ヘルス、茶道・華道等の講義や実習が数日間行われている。また、第５部研修や警備対策官研修の際にも配偶者研修を併せて行っている。ちなみに、配偶者の在外公館に係る行事参加はあくまで自主的なものであり、公務上の指揮命令系統には入っていない。しかしながら、配偶者の積極的な活動は、在外公館全体のパフォーマンスを増大させ、人脈構築を補完し、館内親睦に貢献するところ大であることも事実である。

その他、在外公館勤務を前提としていない各府省職員、日本銀行職員または民間企業職員の語学研修等がかつて行われてきた例がある。以上述べた各種研修プログラムのすべてを相模大野の研修所で行っている訳ではなく、業務または講師の都合等により、外務本省研修所分室等で行われている研修もあるが、外務省では、ほぼ1年を通じて何らかの研修が行われているのが実情である（巻末の年間スケジュール〈214～215ページ〉参照）。

3・9 語学力の向上

主要な柱

外務省における研修の目的は、外務公務員として必要な知識、能力および教養の増進であるが、その中で語学力の向上は主要な柱である。第2部（国家公務員試験総合職採用職員）および第3部研修員（外務省専門職試験採用職員）は、入省後集中的に前期研修（1ヶ月）を相模大野の研修所で行った後、実務研修と並行して中期研修（第2部については約1年10ヶ月、第3部については約10ヶ月）を本省にて行い、再び集中的に後期研修（3ヶ月）を研修所で行う。

1時限80分の語学授業を前期研修では約60時限、中期研修では、第2部研修員のうち、英語研修は5月から翌年4月まで週4時限、翌年5月から翌々年3月まで週2時限、第2部研修員のうち、非英語を研修する者は5月から翌年4月まで週2時限、翌年5月から翌々年3月まで週4時限、第3部研修員は中期研修全期間を通じて週4時限の語学授業を受ける。後期研修では、約150時限の語学授業を受ける。

その後に任国の大学等の高等教育機関にて原則2年間（第2部研修員においては、露語、中国語、アラビア語、韓国語、葡語については3年間として、そのうち、3年目は米国または英国にて研修。第3部研修員においてはアラビア語については3年間）の在外研修を行う。そして、在外研修終了後は、多くの研修員は、関係する言語が使用される在外公館において実質的な勤務を開始することとなる。

在外研修を終了し、在外公館あるいは一部は本省において訓令の執行、意見交換、情報収集、外交交渉、広報文化活動、通訳等研修語を使った各種業務に携わることとなる。

研修所では、このような実務に就いて外国語を駆使する必要性を踏まえつつ、各研修言語について、主任講師および複数の語学講師による一貫かつ体系的な語学指導を研修員に対して行うよう努めている。

ＩＬＲ——米国の言語能力評価基準

語学能力を評価する指標として代表的なものとしては、米国では、ＩＬＲ（Interagency Language Roundtable）（省庁間言語ラウンドテーブル）が採用している言語能力評価基準である「ＩＬＲスケール」が、また、欧州ではＣＥＦＲ（Common European Framework of Reference for Languages）（欧州言語共通参照枠）がある。ただし、ＣＥＦＲについてはテストによって評価されるのに対し、ＩＬＲのレベルを評価する統一テストが存在する訳ではない。

ＩＬＲとは、米連邦政府レベルで外国語関連の諸活動について情報の調整および共有を図るために設立された連邦政府省庁間機構である。ＩＬＲスケールでは、外国語能力を測る主要な4つの分野、すなわちスピーキング、リーディング、リスニングおよびライティングの各分野に加え、翻訳、通訳、異文化コミュニケーションおよび音声翻訳でそれぞれ到達度を0から5までの6段階の基準に分けて評価し、多くの政府機関においてレベル3到達を要求している。レベル0は「熟達度なし」、レベル1は「初歩的な熟達度」、レベル2は「限定的であるが業務を遂行できる熟達度」、レベル3は「通常業務を遂行できる熟達度」、レベル4は「高度な業務を遂行できる熟達度」、レベル5は「ネイティブと同等の熟達度」である。

全体では、レベル0、0+、1、1+、2、2+、3、3+、4、4+、5の11段階に分類されている。

CEFR――欧州評議会の共通基準

CEFRは、2001年に欧州評議会が発表した外国語の学習、教授、評価のための共通基準である。レベルA~Cまであり、Aは「基礎段階の言語使用者」、Bは「自立した言語使用者」、Cは「熟練した言語使用者」である。さらにそれぞれのカテゴリーが2つに分けられており、A1は、よく使われる日常表現と基本的な言い回しを理解し用いることができるレベル、A2は、基本的な個人・家族の情報や買い物、地元の地理、仕事等直接関係がある分野につき文章やよく使われる表現が理解でき、単純で直接的な情報交換に応じることができるレベルである。

B1は、仕事、学校、娯楽等の身近な話題について標準的な話し方であれば、主要な点を理解、対処でき、身近な話題や関心のある話題につき筋の通った簡単な文章を作成できるレベル、B2は、自分の専門分野を含め抽象的な話題でも複雑な内容を理解でき、母語話者と緊張せずに普通のやり取りを流暢かつ自然にでき、明確で詳細な文章を作成できるレベルである。

Ｃ１は、高度な内容の長い文章を理解し、流暢かつ自然に自己表現し、社会生活、学問、仕事上の目的で言語を柔軟かつ効果的に用い、複雑な話題につき明確かつしっかりした構成の詳細な文章を作成できるレベル、Ｃ２は、ほぼすべてを容易に理解でき、話し言葉や書き言葉から得た情報をまとめ、論点を一貫した方法で再構築し、自然に、流暢かつ正確に自己表現できるレベルである。

ＩＬＲとＣＥＦＲの関係は、一義的ではないが、例えばＩＬＲの０／０＋がＣＥＦＲのＡ１、１がＡ２、１＋がＢ１、２／２＋がＢ２、３／３＋がＣ１、４／４＋がＣ２に、おおよそ対応しているとの見方もある。

独自の評価基準と目標

外務省研修所ではこれら欧米の評価基準も参考にしつつ、独自の評価基準と目標を設定し、研修員の語学達成水準の指針としている。なお、英語以外の外国語を研修した職員と言えども、業務上、英語を使用することは外務省職員として必要かつ不可欠である。したがって、在外研修終了時には、これらの研修員も英語で業務を行うのに支障がないレベルまで到達することが目標である。これら、非英語研修員は、在外研修中、自らの研修語学の到達水準が一定程度以上であり、かつ、在外研修に支障がないと判断されれば、在外研修2年目の所属大学休暇中に、6週間を限度として任国外の英語サマー・スクール（本来の研修先に応じて、米、英、豪、ニュージーランドを選定）に通うことも原則可能である。

また、非英語研修員の一部については、研修言語の在外研修が終了した後、在外公館勤務に就く前に3ヶ月を限度とした英語研修を行うことを可能とする制度もある。

3・10　昭和30年度外務省研修所業務報告

研修所発足後約10年の状況

現在、外務省外交史料館に、「昭和三十年度前期業務報告」（外務省研修所　昭和31年3月）という資料が保管されており閲覧が可能である。

昭和30年度と言えば、1946年（昭和21年）に研修所が発足して約10年が経過した時期である。サンフランシスコ平和条約が締結され、再び国際社会への復帰を果たした直後の日本、そして外務省が、外交官養成のために研修所でどのような研修を行っていたのか、当時の状況の一端が垣間見られるので、以下、この資料に沿って研修内容を紹介したい。

１９４６年の研修所発足以来、この時点までに研修を終了した者の数は５９１名（第１部18名、第２部１８８名、第３部２０８名、第４部63名、第５部１１４名）である。また、英語通信講習の受講者は延べ１３０名である。

昭和30年度前期研修には、第２部、３部および５部の研修が含まれる。そのうち、第２部研修（前年度第64回外交官領事官試験合格者14名）については、研修期間は４月１日から８月31日までの５ヶ月間であった。在外研修受け入れ先大学等の都合により国内研修途中で赴任せざるを得なかった２名を除き、12名が研修を終了した。この14名のリストには、小和田恆元国連大使、國廣道彦元中国大使等の名前が見られる。

研修時間は、１週27時間（１時限90分として18時限）、７月末までに正規授業は終了し、８月上旬に関西旅行、中旬から下旬にかけて電信講習を行っている。ちなみに、戦前より外交官補の研修では必須科目であった電信研修は、通信の発達とシステムの変更や専門性により、現在、第２部・３部研修員がその処理作業を行うことはなくなった。

研修内容は、語学が中心で毎週13時限、その他教養３時限、実習・演習２時限である。語学は英語を中心としつつ、仏語についても全員に週3時限の授業を課し、在外研修予定地がドイツおよびスペインの研修員は、それぞれの言語を週4時限学んだ。

教養については、礼法週1時限、その他の教養講座は週2時限である。教養講座のテーマを具体的に挙げると、西洋美術、西洋音楽、西洋演劇、日本美術、浮世絵、仏教、米国の対外政策、日米社会、米国人の世界観、日中文化交渉史、中国の土地改革法と婚姻法、中ソ、世界経済と日本の立場、通信社の活動、国際放送、原子力等、時代を反映した多岐にわたる内容である。講師は、外部の有識者、研究者、外務省退官者等である。

実習・演習は、主として研修所指導官が担当した。内容は、現代国際政治論、会計事務、文書事務、国際条約の締結、外務省の機構についての演習や欧文タイプ、電信の実習等である。

工場等見学では、ブリヂストン美術館、日本鋼管川崎工場、キヤノン、東芝川崎工場、大日本紡績、日本ビール目黒工場を訪問した。

研修期間中、英語研修時間249時間（それに加え、各研修員は仏語75時間、独語75時間、西語99時間から択一）、教養講義31回62時間、顧問講話8回12時間、指導官講義9回13・5時間、演習・実習14回21時間、見学6回、関西旅行7泊8日、電信講習2週間を受講した。

第3部研修については、4月1日から9月30日までの6ヶ月の研修期間であった。この年は、新入省員とは別途、再教育班が9名いた。英語学力の向上を主眼としており、1週18時限のうち、英語が14時限、教養3時限、実習1時限であった。英語は、講読が7時限、作文4時限、会話3時限である。一部は第2部研修と共通であった。

第5部研修については、他省庁からの委託研修生9名を受け入れ、そのうち、留学のため途中で渡米した2名を除く7名が研修を終了した。4月1日から9月30日までの6ヶ月研修で、1週30時間（20時限）。語学が17時限（英語16時限）、うち、会話8時限、講読6時限、作文2時限。その他、教養が3時限である。

当時の研修所の特色として、語学が多くの比重を占めているのは当然であるが、その教授方法について次のような特色があった。第1に、外国人講師の割合の多さである。外国人講師は、英語9名、仏語3名、独語1名、西語1名であった。会話・スピーチの練習を重視しており、「ニューヨーク・タイムズ」「ニューズ・ウィーク」や「タイム」等の生の時事教材を配布して会話の材料として活用していた。

第2に、1クラスを少人数に抑え（1クラス7名前後）、研修員各自がなるべく多く会話の時間を持てるようにしていた。

第3に、リンガフォンやテープ・レコーダー等当時最新の機器・教材の活用や、外国人の講演〈注：この時は、東大に留学中であったエドワード・サイデンステッカー氏〈米国人日本文学者〉を研修所の英語講演に招いている〉を実施する等の試みを行っている。

研修所が開設されて約10年、主権を回復し戦後の本格的な外交展開が可能になって3年後の段階であるが、それまでの蓄積と今後の新たな展開を睨《にら》みつつ、当時の関係者は、研修所の今後の方針について、『外務省研修所十年史』の中でいくつか提言している。

第1に、研修科目配分の見直しである。従来、語学、特に英語の習得に重点が置かれていた（全科目に対する比率は約75%）。今後は、語学研修の一層の効率化を図るとともに、政治、経済、文化等に関する知識、特に経済、貿易、国内事情に関する知識の習得に、より多くの時間を割くとともに、第2外国語学習を強化する。

第2に、語学研修方法の改革である。語学の実用面を重視し、クラス人数の削減、会話・スピーチの重視、リンガフォン、テープ・レコーダーの活用等を強化する。

第3に、ゼミナール形式の強化である。ゼミナールや研究の時間を増やし、政治、外交、経済問題につき自主的研究を活発に行わせる。

第4に、見学旅行の充実強化である。外交官の国内知識増進に資するために、予算の増額を図って視察日程を延長し、国内各地の重要産業施設、文化財および観光地等の見学を強化する。

第5に、合宿制度の再開である。吉田茂が総理在任中は第2部研修員の総理公邸合宿が実施され、相互親睦、在外生活の準備訓練、先輩と親しく懇談する機会を持ったが、中断していた。このような機会を復活させる。

65年も前の改革案ではあるが、今見ても方向性としては大きく間違っていないと考える。他方、現在の視点では、すでにその方向で改革されているもの、予算や日程上の制約で実現が難しいもの、歴史的な役割を減じたもの、時代背景が異なっており非現実的なもの等が混じっているように思われる。

3・11　在外研修の重要な5点

外務省人生初期段階のクライマックス

在外研修は既述の通り、総合職省員の場合は入省3年目、専門職省員の場合は入省2年目の夏から、研修語学に応じて2～3年の期間にわたって実施される外務省人生初期段階のクライマックスと言ってもよい貴重な研修である。

筆者も中国語研修員として１９８４～１９８７年の３年間にわたり、香港中文大学、北京語言学院（現・北京語言大学）、北京大学、スタンフォード大学、およびハーバード大学で研修の機会を得て、ハーバードでは東アジア地域研究で修士号（ＭＡ）を取得することができた。一生忘れられない時代である。在外研修を通じて達成すべき具体的目標について、筆者は主に次の５点が非常に重要であると考えている。

第１に、当然のことであるが研修語学の習得である。語学は、外交官にとっての商売道具である。特に我が国外務省の場合、情報収集や交渉等で自らが外国語を使用して任務に当たる以外に、２国間の要人会談や交渉において基本的に外務省員が逐次通訳を担っている。したがって、各国の外交官に比べてもさらに高度かつ幅広い語学能力が求められている。つまり、在外研修期間中に、外国語を一定レベル以上習得できるかどうかは、今後の外交官生活全般に影響する。そして経験則に従えば、語学能力と仕事能力は得てして相関関係がある。

ここに言う語学能力というのはネイティブ・レベルでその言葉を自由自在に格好よく操るということでは必ずしもない。外交官にとって外国語を使うに当たって最も重要な点は、「正確さ」だと考える。多少発音や文章構造がネイティブと異なっても、事実関係や基本的立場等につき、微妙なニュアンスを含めて正確に相手に伝え理解させ、先方の発言を正確に聞き取り、正確に理解し記憶して報告する能力が重要である。

また、外国語の学習は、当該外国語の構造や当該国人の使用方法により、日本人が日本語を使用する際とは異なった表現形式や論法があるということに気づかされる。したがって、外国語学習を通じて当該言語を作り出した社会や人々のものの考え方や思考方法に対する認識を深める上でも重要である。

もちろん、外国語を使う上での前提は、相手に対して伝えたいサブスタンスを当方が持っているということである。日本の立場を正しく理解してほしい、自分の強い思いを伝えたい、相手の間違った対日認識を正したい等々、外国語の学習は伝達手段である言語そのものを学ぶと同時に、自らが伝えたい内容や、そのより効果的な伝達方法を深く学ぶことにも繋がる。

さらに、非英語を学ぶ研修員については、今後の在外公館および本省勤務で、当然のことながら、どこで勤務するにせよ、一定水準の英語能力は必要不可欠であり、英語能力の向上にも努める必要がある。

第2に、任国事情を学ぶことである。その国の歴史、文化、宗教、社会、そして、当該国民の琴線に触れるストーリーやロジックは何で、国民性を特徴づけるものは何なのか、また、当該国が現在直面している機微な内政・外交問題に何があり、日本との関係はどのような歴史的変遷を遂げてきたのか。このようなことを、単に書物を通じてのみならず、現地の人々や風土と直接接することによって生きた勉強をすることである。特に、米国や中国といった広大な国土と多様な地方を有している国では、ワシントンや北京にいるだけでは見えない部分が少なくない。

第3に、人脈の形成である。外交官にとって、人脈は外国語と並んで最大の武器であり財産である。筆者自身、1984年の香港中文大学サマー・スクールで知り合ったインド人外交官は、後に一人は駐日大使、もう一人は駐中国大使となって再会した。

外交官の世界は、お互いに国益をぶつけ合うライバル同士であるとともに、同じ業界仲間でもあり、時として不思議なギルド的連帯関係にもある。双方の外交官人生が時折クロスして、同じ赴任地となって再会することがある。

中国や米国での研修でも多くの国内外の友人や師と巡り会えた。例えば、ハーバード時代の恩師であるエズラ・ヴォーゲル教授とは、その後、日本、米国、中国の各地で30年以上にわたって親しい関係を続け、貴重なアドバイスを受けている。人脈は人脈を呼び、いざという時に公私にわたって自分の人生を助け、豊かにしてくれる。特に若い時代に築いた人脈は格別である。そして、留学中に築いた友人関係は、単に外交の世界に留まらず、学界、財界、政界、官界、文化界と多岐にわたり、自分の人生を将来実りあるものにしてくれる。

第4に、古今東西の古典、特に歴史をしっかり勉強することである。「賢者は歴史に学び、愚者は経験に学ぶ」と言う。個人の経験には限りがあるが、歴史には濾過《ろか》された人類の英知と反省が込められている。若いうちは固定したものの考え方に囚われず、柔軟にいろいろな見方や思考法を学んだらよいと思うが、同時に、一個の独立した自由人として、自分自身の人生観や哲学観、生き方のプリンシプルを持つことは、物事を判断する際の基準として、外国人との交流の際にも重要である。その意味でも若い時に、できる限り古典に触れることは意義がある。

第5に、日本自身を外から見つめ直すということである。日本の持つ長所・短所も、日本の内側からだけでなく、外側から眺めることによって、より多面的に浮き上がってくる。また、主要外交案件に関する日本政府の基本的立場を十分理解しておくことは当然として、その他、任地の人に、あるいは、第三国の人に、さらには在留邦人に対し、知識と教養を踏まえた要を得た説明ができるようになるためにも、日本のことを見つめ直し、学ぶことが重要である。日本の捕鯨や死刑制度、歴史認識、あるいは領土問題等について、むしろ海外にいるがゆえに日本の政策や立場について明確な説明を求められることが少なくない。

第4章

国内外の公務員研修所

4・1　国内の公務員研修所

各省庁はそれぞれの職員を養成するための機関をいくつか持っている。例えば、自治大学校（総務省）、財務総合政策研究所（財務省）、税務大学校（国税庁）、農林水産研修所（農水省）、経済産業研修所（経産省）、航空保安大学校（国交省）、海上保安大学校（海保庁）、防衛大学校（防衛省）等がこれに当たる。

ここでは、司法を含めた公的機関の中で、性格や法令上の位置づけはそれぞれに異なる面があるものの、各分野における望まれる人材の養成という点で共通点のあるいくつかの代表的な研修所を、それぞれの機関のウェブサイトやパンフレットに沿って簡単に取り上げてみたい。

ここで取り上げるのは、公務員の人事管理を担当する人事院に設置されている幹部公務員を養成する公務員研修所、幹部警察官を養成する警察大学校、幹部自衛官の卵を養成する防衛大学校、および裁判官および司法修習生を養成する司法研修所である。筆者自身、これらの研究所等を自ら訪問し、関係者と意見交換するとともに施設を視察した。対象となる学生・研修員数の違いから、どの施設も外務省研修所よりはるかに大きな規模である。

人事院公務員研修所

人事院は内閣の所轄の下に置かれた国家公務員の人事管理を担当する中立的な行政機関であり、公務員人事管理の公正性が確保されるよう、採用試験、任免基準の設定、研修等を実施している。また、公務員の労働基本権が制約を受けていることから、給与等勤務条件の改定につき国会および内閣に勧告（人事院勧告）を行っている。人事院は、総裁を含む人事官3名による合議制の機関である。事務部門として事務総局が置かれ、事務総長の下に内部部局として官房部局および4局の他、公務員研修所等によって構成されている。

公務員研修所は埼玉県入間市にあり、敷地面積3万9774平方メートル、建物延床面積1万3456平方メートルであり、管理棟、研修棟（講義室3、演習室18、図書・OA室）、厚生棟（講義室1、食堂、ラウンジ、和室）、第1宿泊棟（宿泊室116、談話室4）、第2宿泊棟（宿泊室45、談話室3）、体育館等の施設を備えている。

組織的には、所長、副所長の下、教務部（さらにその下に総務課、教務第1課、教務第2課）、政策研修分析官、主任教授、教授、指導教官がいる。

主な沿革は次の通りである。1956年に行政研修（係長級）を開始、1959年に公務員研修所を東京都港区に設置、1965年に行政研修（課長補佐級）を開始、1967年に各省庁上級職員の合同初任研修を開始、1968年に現在の入間市に公務員研修所を移転、そして、2017年に西ケ原研修合同庁舎が完成した。

西ケ原研修合同庁舎は、東京都北区にあり、東京23区内に所在する国の研修所を移転・集約することにより研修所としての機能確保および財政健全化への貢献を図ることを目的にしたもので、人事院、財務省財務総合政策研修所研修部、財務省会計センター研修部、および厚生労働省が職員等に対して必要な知識及び技能を習得させるために設置された。

人事院は、公務員研修所において全府省職員を対象としていくつかの研修を実施している。公務員研修所の目的は、国民全体の奉仕者たる幹部公務員の養成である。具体的には、今後幹部となる候補者に対する研修とすでに幹部となった公務員に対する研修がある。現在、毎年約3000名の受講者がいる。

研修では、国民全体の奉仕者としての使命感の向上、職務遂行上のスキル（資質・能力）の向上および府省を超えた研修員間の相互理解・信頼関係の醸成を目指している。このような目的の下に公務員研修所において研修が行われることにより、団結力に富み、高い志とスキルを持った公務員が育成され、国民の目線に立った国民のための行政の展開が可能となり、また、セクショナリズムの弊害を排除することを目指している。

具体的な研修としては、まず第１に、「役職段階別研修」である。府省の枠を超えてあるべき国家公務員の育成を目指した研修を実施している。採用時から局長級までの各種研修を行っている。すなわち、各府省総合職試験合格採用者を中心とする入省直後の合同初任研修（３日間、約８００名）、初任行政研修（１年目に5グループ程度に分けて5週間、約６５０名）、３年目のフォロー・アップ研修（４日間、約６００名）、課長補佐級研修（おおむね課長補佐就任１年目の職員の他、民間企業等からも参加、合計約３５０名。この他、国際コース、中国派遣コース、韓国派遣コース）等がある。また、Ⅱ種、Ⅲ種、一般職試験合格採用者に対する係員級、係長級、課長補佐級の特別課程がある。

さらに、おおむね50歳以下の本府省課長級職員に対する課長級研修（計約60名。合宿や中国派遣コース、現場訪問コース等数種類の数日間の合宿・通勤コースがあり、民間企業等からも参加）、本府省課長級以上の職員に対する行政フォーラム（年間8回程度の講師による講演および意見交換）、本府省審議官級職員に対する幹部行政官セミナー（アスペン・メソッド）（３日間、約15名）がある。

アスペン・メソッドというのは、あらかじめ用意された古今東西の古典からなるテキストを使用し、モデレータの質問や整理に助けられながら、各参加者が積極的に発言し、対話と議論を積み重ねていく思索型の研修である。

また、公務員研修所以外でも各地方事務局および沖縄事務所において地方出先機関職員を対象とした研修が実施されている。

第2に、「派遣研修」である。行政課題の国際化および複雑・高度化に対応し得る人材育成のために、国内外の大学院（修士・博士課程）、外国の政府機関や国際機関等への国家公務員の派遣を行っている。海外派遣先としては、米、英、仏、独、蘭、スウェーデン、豪、中、シンガポール、香港等の大学等、国内派遣先では、東京大学、京都大学、筑波大学、東京海洋大学、政策研究大学院大学等である。

第3に、「テーマ別・対象者別研修」である。人事評価に関する「評価能力向上研修」や女性職員の登用拡大を目指した女性職員キャリア・アップ研修等、特定の資質・技能の習得や特定の職員層に対する支援を目的とする研修を実施している。

第4に、「指導者養成研修」である。各府省の研修企画担当者等を支援し、公務員倫理、セクハラ等に関する研修の指導者を養成する研修を行っている。

これら各種研修コースの主な研修科目は、第1に、国民全体の奉仕者としての使命と職責について考えることであり、公務員のあり方、公務員倫理を考え、古典を通じて思索力を涵養する。公務員倫理については、単なる「べからず集」的研修に留まらず、公務員としてなすべきことについて考える「積極的公務員倫理」の科目を取り入れている。第2に、公共政策のあり方を多角的に検証し考えることであり、行政政策の事例研究、政策課題の研究、個別政策の研究、政策ディベート等を行う。第3に、公正な公務運営について学ぶことであり、リーダーシップやマネジメント、対人関係や合意形成のスキルを向上させる。第4に、体験を通じた学習であり、介護や地方自治体等の実地体験、国際行政の現場体験や駐日各国外交官との意見交換、政策最前線の現場訪問等を体験する。

公務員研修所は既述の通り1959年に設置されたので、2019年4月1日に創立60周年を迎えた。「行政研修ジャーナル」（人事院公務員研修所編集・発行）（№50、2019年）は、「人事院公務員研修所創立60周年を迎えて」と題し、過去60年間の歩みを年譜の形でまとめるとともに、特に過去10年間の主な取り組みについて紹介している。上記各研修内容と一部重複する部分があるが、人事院が最近力を入れている研修分野・内容を理解する上での取り組みについて簡単に触れておきたい。

第1に、初任行政研修の充実と3年目フォロー・アップ研修の導入である。筆者が入省した1983年には、入省直後に各省庁上級職の合同初任研修が数日間実施されたのみであったが、この合同初任研修の他に、1997年度から1年目の初任行政研修が導入され、2006年度からは研修期間を5週間に拡大した。さらに、2008年度からは、3年目フォロー・アップ研修が新たに導入された。外務省総合職職員の場合は、あいにく在外研修の時期と重複するために、3年目フォロー・アップ研修は制度的に参加できないのが残念である。

初任行政研修については、中小企業、NPO等の現場訪問や体験型カリキュラムの一層の充実が図られ、2012年度からは、地方自治体研修の一部を東日本大震災のボランティア支援として実施し、その後、「被災地復興プログラム」「被災地復興・地方再生プログラム」として被災地以外にも対象を広げ、地方創生の課題に取り組む団体への派遣拡充を行っている。また、グローバル化への対応として、2013年度から、在京各国大使館の外交官やASEAN諸国からの政府派遣留学生と英語による意見交換の機会を設けている。

第2に、課長補佐級行政研修の拡充である。2010年度から、日程を8日間から3日間（後に4日間）に短縮しつつも、コース数・内容を多様化し、職場での事例等を題材としたマネジメント研修の科目を実施している。また、2005年度から中国、2006年度から韓国への1週間の派遣研修を開始した。さらに、2013年度からは英語のみで研修を実施する国際コースを開始した。国際コースには在京大使館職員、ASEAN諸国政府留学生等もほぼ半数参加している。2010年度からはリーダーシップ研修、2013年度からは女性管理職養成コースを開始した。

第3に、課長級行政研修の拡充である。2012年度からマネジメントを重点的に学ぶコースを設置した他、試行期間を経て2013年度から被災地を訪問し復興施策を考える現場訪問コース、2015年度からは中国派遣コースを開始した。

第4に、その他の行政研修の動きとしては、一般職職員のための研修に関し、2013年度から係員級コースを増設し、現場訪問を取り入れた政策課題研究カリキュラムの充実を図っている。また、従来通勤研修の実施会場として活用されてきた文京区小石川の「国家公務員研修センター」が老朽化のために廃止され、北区の「西ケ原研修合同庁舎」が2017年度から通勤研修場所として使用されている。

なお、平成29年度（2017年度）の行政研修実施状況実績による研修修了者数は、合同初任研修747名、初任行政研修631名、3年目フォロー・アップ研修553名、課長補佐級研修432名（うち、国家公務員336名、民間企業57名、外国政府32名、その他7名）、リーダーシップ研修23名、課長級研修100名（うち、国家公務員66名、民間企業30名、その他4名）、係員級特別課程研修118名、係長級特別課程研修136名、課長補佐級特別課程研修80名、女性職員キャリア・アップ研修37名、幹部行政官セミナー13名（すべて国家公務員）、行政フォーラム293名の総計3163名であった。

ちなみに、筆者自身、入省直後に他省庁上級職入省者とともに代々木のオリンピック青少年センターで数日間の合同初任研修を受けた他、30代前半の課長補佐時代（1992年1月）に、公務員研修所に約2週間宿泊して、各府省、民間企業、外交団からの参加研修員とともに補佐研修を受けた。また、課長職に就いて以降、行政フォーラムに何度か参加したことがある。

警察大学校

警察大学校は、警察法第27条に基づき警察庁に附置された機関である。警察職員に対し上級幹部として必要な教育訓練を行い、警察に関する学術研修を行うことが役割である。大学校とは、学校教育法第1条に基づく文部科学省所管とは異なる教育訓練施設等が用いる名称である。大学校によっては、学士、修士あるいは博士の学位が授与されるものもあるが、警察大学校では学位は授与されない。

警察大学校の主な沿革は次の通りである。1885年に警官練習所として赤坂区葵町に創立され、その後、警察監獄学校、警察官練習所、警察講習所と名称および場所を変える。戦後は、1946年に中央警察学校と改称し、1948年に警察大学校として杉並区天沼に設立された。1949年中野区中野に移転、2001年に現校舎が府中市朝日町に完成し、今日に至っている。

同校の敷地面積は約6万8000平方メートルと広大な場所に、本館棟（地下1階、地上7階）、国際警察センター棟、第1講堂（650余名収容）、図書館（蔵書約6万冊）、術科棟（柔道場・剣道場各3面、逮捕術道場1面、トレーニング・ルーム、射撃場、体育館）、寮棟（個室約1340室）、その他の施設（運動場、テニス・コート等）が配置されている。平均すると、常時約1000名が研修を受けている。

警察大学校の機能的特徴としては、次の6点が挙げられる。すなわち、①幹部が教養を涵養する中心施設、②情報通信分野の教育訓練施設、③国際化対応教育訓練施設、④教官の指導育成施設、⑤学術・技術開発の推進施設、⑥施策・実務の普及・定着施設。

具体的に同校で実施されている基本的な教養課程には次のようなものがある。第1に、警察運営科である。所属長に任用が予定されている者に対し、必要な組織運営、捜査指揮等に関する管理能力を涵養するための2〜3週間のコースである。

第2に、警部任用科である。警部昇任者または予定者に対し、警察署課長等として必要な知識及び技能を習得させるためのコースで3ヶ月の本課程と2週間の特別短期課程がある。

第3に、課長補佐任用科である。課長補佐（警部相当職）昇任者または予定者の一般職員に対し、必要な知識および技能を習得させるための2週間コースである。

第4に、初任幹部科である。これは、国家公務員総合職試験に合格し警部補として新たに採用された警察官に対し、幹部として必要な基礎的教養を行う6ヶ月のコースである。

第5に、行政実務科である。国家公務員一般職試験に合格し巡査部長として新たに採用され、その後、警部に昇任した警察官に対し、必要な教養を行う3週間のコースである。その他、術科指導者養成科（柔道、剣道、逮捕術および体育の指導者に対する4ヶ月研修）、教官養成科（警察学校教官予定者に対する1ヶ月研修）、専科・研究科指定職任用科（警部補以上の警察官に対し、特定分野の高度な知識・技能を習得させるためのコースで必要な期間行われる）、国際関連研修課程（国際的な犯罪捜査等に必要な専門知識および外国語を習得させる他、外国人研修員への教育訓練を1週間〜2年研修）、サイバー捜査研修科（サイバー犯罪・攻撃の対策を目的とする教育訓練で2～4週間研修）等がある。

警察大学校には、１９８８年に制定・施行された校訓がある。それによれば、「向学探求」（専心勉学に努め、基本原理・原則を学ぶとともに応用力を身につける）、「自立自修」（幹部としての自覚の下、自らを律し修める）、「紳士体現」（立派な社会人としての礼節をわきまえ、紳士たるに相応しい行動をとる）を3本柱としている。また、同校には、清浦奎吾《きようらけいご》（元総理大臣、枢密顧問官）揮毫《きごう》の掛軸があり、そこに「致遠」という言葉が使われている。これは、「遠大なる事業を実現する」という趣旨である。

その他、附置機関として特別捜査幹部研修所、国際警察センター、財務捜査研修センター、取調べ技術総合研究・研修センター、警察政策研究センター、警察情報通信研究センター、サイバー・セキュリティー対策研究・研修センター、附属警察情報通信学校がある。

なお、各都道府県警察は、警察法第54条に基づきそれぞれ警視庁警察学校および道府県警察学校を、各管区警察局は警察法第32条に基づきそれぞれ管区警察学校を設けている。また、警察法第29条第4項に基づき皇宮警察本部に皇宮警察学校を置いている。

防衛大学校

防衛大学校は神奈川県横須賀市に本部を置く防衛省の施設等機関として防衛省設置法第14条に基づいて設立された大学校である。防衛大学校は幹部自衛官（三等陸尉、三等海尉、三等空尉以上の自衛官）となるべき者の教育訓練を司る（同法第15条）。

教育訓練は、次に掲げる基本方針に基づいて行われている。第1に、規律ある団体生活および学生の自発的に行う各活動において、心身を鍛え、徳操を磨く。第2に、大学設置基準に準拠して一般教育、人文社会科学、理工学および防衛学に関する教育を行う。第3に、自衛官としての基礎訓練および幹部自衛官としての資質および技能を育成する。第4に、運動競技を奨励し強健な体力と旺盛な気力を育成する。第5に、陸海空幹部自衛官となるべき者の間に理解協力の気風を育成する。

学生綱領のキーワードは「廉恥」「真勇」「礼節」である。

本科・研究科とも学校教育法上の大学学部および大学院に相当するものと認定され、独立行政法人大学改革支援・学位授与機構から学士、修士あるいは博士の学位が授与される。

文部科学省の定める大学設置基準に準拠し、外国語、体育、人文科学、社会科学、自然科学の専門科目を一般大学と同様に教育するとともに、防衛学を教育する。また、全学生が共通訓練および陸海空ごとに指定された専門訓練を受ける。訓練には、週2時間程度の課程訓練と、集中して実施される定期訓練がある。

旧軍には陸軍士官学校、海軍兵学校等があったが、戦後できた防衛大学校の主要な沿革は次の通りである。まず、自衛隊の歴史であるが、１９５０年、朝鮮戦争の勃発後、警察予備隊が組織され、１９５２年に保安庁（同年に保安隊に改組）が設置され、１９５４年、正式に自衛隊が発足した。

学校の方は、１９５２年、保安庁の附属機関として保安大学校が設置される。その後、１９５４年に防衛大学校と改名した。１９８４年、防衛庁設置法の改正により施設等機関となる。１９９２年、本科卒業生に学士授与、理工学研究科卒業生に修士授与を開始する。２００１年、理工学研究科後期課程（大学院博士課程相当）開講、２００７年、防衛庁は防衛省に移行する。そして、２００９年には、総合安全保障研究科後期課程（大学院博士課程相当）を開講した。

防衛大学校は、三浦半島東南端の小原台に位置し、敷地約65万平方メートル、建物延べ約17万平方メートルの他、海上訓練場もある。２０１８年４月５日時点の学生数は、本科学生

2010名（うち、留学生119名）、研究科学生156名（うち、留学生17名）である。学生は特別職の国家公務員であり、全員学生寮に居住し、被服や食事等が支給される他、学生手当が毎月11万4300円（平成29年4月時点）、ボーナスが年間約37万7200円支給される。

歴代学校長の多くは大学教授出身であり、その他、防衛庁・自衛隊幹部出身、警察庁出身もいるが、第2代学校長の大森寛《かん》が陸上幕僚長出身である他は、全員が文民出身である。

卒業式には総理大臣および防衛大臣が出席することが慣例となっている。閉式後に卒業生が一斉に制帽を空中に放り投げ、講堂から飛び出していく風景が有名であるが、制帽は官給品であり、在校生が回収して学校側に返納される。別途私物として購入することも可能なので記念品として残す学生も少なくない。2019年3月の卒業生478名のうち、49名が任官を拒否した。任官拒否者は卒業式には列席できない。

防衛大学校を卒業すると陸海空それぞれ曹長に任命され、各自衛隊の幹部候補生学校に入校する（陸上自衛隊幹部候補生学校は福岡県久留米市、海上自衛隊幹部候補生学校は広島県江田島市、航空自衛隊幹部候補生学校は奈良県奈良市に所在）。陸上は約9ヶ月の幹部候補生学校教育訓練および約3ヶ月の普通科隊付教育を経て防衛大学校卒業後約1年で三等陸尉に任命される。海上は約1年の幹部候補生学校教育訓練を経て三等海尉に任命される。航空は約半年の幹部候補生学校での教育訓練と約半年の部隊勤務等を経て防衛大学校卒業後約１年で三等空尉に任命される。

なお、かつて旧軍では高級幕僚養成の機関として陸軍大学校と海軍大学校が存在したが、自衛隊では陸海空の幹部学校がある。上級指揮官および幕僚の養成を目的としている（なお、このうち、陸上自衛隊幹部学校は２０１８年３月に廃止され、陸上自衛隊教育訓練研究本部に改編された。陸海空すべて目黒駐屯地にある）。

司法研修所

司法研修所は、裁判所法第14条に基づいて最高裁判所に設置された研修機関である。裁判官の研究および修養（第1部）並びに司法修習生の修習（第2部）を司っている。裁判官には、裁判実務に関する知識、能力や広い教養と深い洞察力が必要とされる。この面での個々の裁判官の自己研鑽《けんさん》を支援するための様々な研究や研修を司法研修所で実施している。また、司法試験合格者は、司法修習を終えることによって正式に法曹となるが、司法研修所は、この司法修習の実施・運営に当たり法曹養成のための機関となっている。

司法研修所は、埼玉県和光市に位置し、１９９４年に竣工した。沿革をたどると、１９３

9年に司法省に司法研究所が設置されたが、戦後の1947年、最高裁判所の研修機関として港区芝高輪の旧毛利邸に司法研修所が設置された。その後、千代田区紀尾井町、文京区湯島、そして、1994年に和光市に移転した。さらに、2013年には裁判官の研修部門が別館に移転し、現在に至っている。敷地面積は6万5000平方メートル、延床面積は5万平方メートルを超える。

我が国で法曹となるためには、原則、司法試験に合格し、1年間の司法修習を終えることが必要である。司法修習は、法科大学院で学んだ法理論や実務の基礎を前提として、法律実務に関する汎用的な知識や技法と、高い職業意識や倫理観を備えた法曹を養成することを目的としており、必須課程である。司法修習の最終試験に合格することは、その後、裁判官、検事または弁護士として活動する資格を得る前提条件となる。

司法修習は法曹一元化の下、裁判官、検事、弁護士いずれに進む者に対しても同じカリキュラムで行われる(統一修習制度)。1年の修習期間は、導入修習(1ヶ月)、分野別実務修習(8ヶ月)、選択型実務修習(2ヶ月)および集合修習(2ヶ月)に分かれる。

導入修習は、司法修習開始段階で司法修習生に対して、実務基礎知識・能力の不十分な点を気付かせ、効果的・効率的に実務修習が行えるようにすることを目的として、司法研修所において修習生全員を集めて行われる。

分野別実務修習は、全国各地の地方裁判所、地方検察庁、弁護士会の実務の第一線で経験豊富な実務家の個別指導の下、実際の案件の取り扱いを体験的に学ぶ。民事裁判、刑事裁判、検察、弁護の４分野について、それぞれ２ヶ月ずつ実施される。

選択型実務修習は、分野別実務修習で弁護修習をした弁護士事務所を拠点に、自らの関心や進路に応じた分野の深化と補完を図る。

集合修習は、司法研修所において体系的、汎用的な実務教育を行い、法律実務のスタンダードを指導する。集合修習を終えると、最後に司法修習生考試（通称2回試験）が実施され、合格することにより修習を終え、判事補、検事または弁護士の資格を得る。ちなみに、不合格者の割合は数％であり、資格を得るためには次年度再び司法修習生考試を受けることになる。判事補または検事に任官するためには、さらにそれぞれの選考を受ける必要がある。

裁判官研修は、裁判官に必要な裁判実務に関する知識、能力、教養、洞察力を身につけるための組織的な機会を提供している。現在では、司法研修所本館は司法修習に使われ、裁判官研修は同別館で行われている。裁判官の自己研鑽を支援するために、年間を通じて、各種の研修が実施されている。具体的には、判事・判事補については、各裁判分野における裁判事務に関する研究会（裁判系）、新たな職務に就いた際の職務導入を目的とする研究会（導入系）、法律分野周辺をテーマとして取り上げる研究会（基盤系）が実施されており、簡易裁判所判事についても、裁判系と導入系の研究会が行われている。

裁判系では、民事、刑事、家裁事件といった分野ごとに、若手裁判官（左陪席）、中堅裁判官（右陪席）のための基礎・基本研究会、中堅・ベテラン裁判官のための実務研究会、特定テーマについて研究・討議する専門研究会を設けている。金融、IT、医療、知的財産権といった専門的知見を要する分野の研究やロール・プレイといった体験型の研修、医療現場等に赴いて現地研修を行う等多様化、専門化に対応している。

導入系は、新たなポストに就き、あるいは一定の役割を担うようになった際に行われる。例えば、判事補任官直後の新任判事補研修、任官2年後の判事補基礎研究会、判事任官直後の判事任官者研究会、その他、支部長研究会、部総括裁判官研究会、中堅判事研究会等である。

基盤系は、法律分野そのものではなく、その背景となる社会・経済や自然科学等に関する認識や洞察を深め、裁判官の一般的資質・能力を高め、社会から期待される適正な裁判の実現を支援するための研修である。具体的には、裁判と社会との関係、紛争の背景にある社会・経済構造等の研究会であり、これら研究会では、パネル・ディスカッション、現地見学、講演等種々のカリキュラムが実施されている。

その他、判事・判事補については、社会の実情を理解し、視野を広めるため、一定期間民間企業等で体験学習を行う派遣型研修が実施されている。具体的には、報道機関研修、民間企業研修、知的財産権専門研修等であり、年間50名程度の裁判官が派遣されている。

司法研修所が研修内容を組み立てるに当たっては、有識者から多様かつ長期的な見方を取り入れるため参与制度が設けられている。また、各国の裁判官研修機関から構成される国際司法研修協会への加盟を通じて、国際的な潮流を把握し研修内容に反映している。このように、司法研修所の裁判官研修では年間を通じて延べ約２２００名が研修を受けている。

これらの研修の他、海外のロー・スクールや、裁判所での在外研究や在外公館出向等の人事交流も別途行われている。

４・２　海外の外務省研修所

海外の多くの国の外務省が研修所を設置している。その類型には、①研修を中心とする施設、②研修に加え、研究部門や国際関係分野の学部生・院生の教育も担当している施設、がある。

ここでいくつかの国の外務省研修所の状況を見てみたい。日本の外務省研修所と同様、語学、実務、国際関係、文化、教養等に関する研修を中心とするものが比較的多いが、韓国や中国のように、研修が研究・教育機関と一体化しているような形態もある。また、主要国の外務省において、最近になって研修所組織を再構築しバージョン・アップする等研修所の体制強化の動きが見られる。

米国

米国国務省研修所（Foreign Service Institute of U.S. Department of State：FSI）は、米国外交に関係するコミュニティーのための連邦政府の主要な研修施設であり、米国内外の外交上の利益を増進するために外交官およびその他の専門職を養成するための機関である。所長は国務省次官補レベルである。

ＦＳＩが設立される前には、20世紀初頭より、いくつかの施設およびプログラムが名称を変えながら外交官研修を行っていたが、第２次大戦後の１９４６年、トルーマン大統領がマーシャル国務長官の下で、ＦＳＩを設立する法律に署名し、その翌年に設立された。

米国国務省研修所

ＦＳＩは４分野の研修から開始した。すなわち、一般職員の研修、上級職員の研修、マネージメント研修、そして、語学研修である。その後、外国語に重点を置いた長期的な専門家養成研修および配偶者研修も加えられた。現在ＦＳＩは、バージニア州アーリントンに位置し、①指導・管理、②語学、③専門分野および地域研究、④ＩＴ応用の４分野（Schools）の研修を行っており、また、移行センターを設けている。

語学分野については、70以上の言語の研修および１００以上の言語の試験を提供している。言語の難易度に基づき、８～44週間の研修を行う。毎年約８００のコース（６００近くは研修所で、２００強は遠隔コース）が開講され、22万５０００人以上が受講している。

また、ＦＳＩは、横浜、ソウル、台北に語学研修所を設けている他、中国、タイ、ドイツ、メキシコ、アフリカ、中東において委託した語学プログラムを実施している。習得が難しいとされる日本語、中国語、韓国語およびアラビア語については、２年間の研修期間が与えられている。

例えば日本語については、FSIで1年間の研修を受けた後、日本の米国大使館または総領事館に勤務する前に横浜の日本語研修所でさらにもう1年研修を受けることができる。

筆者も、港の見える丘公園や山下公園に比較的近い小高い丘の上にあって、港を見下ろす位置にある研修所を仕事柄何度か訪問したことがある。1952年にFSIの分校として開校した。国務省外交官（および配偶者）、米軍関係者および特に認められた各国政府委託研修生を受け入れている。卒業後の職務遂行に必要な日本語能力および政治、経済、軍事、外交、文化といった幅広い分野における日本理解を目的とした研修を行っている。原則1年（8月～翌年6月の10ヶ月）、研修生は、通常の職務から離れ、研修に専念する。日本語能力や職務内容等必要性に応じた研修を個別事情に応じて行っており、毎年約10名程度の研修員が学んでいる。月曜日～金曜日まで、毎日6時間、通常の授業は1～3名の少人数クラスで行われる。研修期間中、2回の学期末試験および卒業試験が行われ、日本語能力の向上が評価される。まったくの初心者がFSIおよび横浜の研修所での2年間で、相当レベルに到達していることを筆者も研修生と日本語で会話する中でじかに確認した。研修所では座学の他、地域住民との交流やホーム・ステイ等課外活動を活発に行っており、外務省研修所との定期的な相互訪問による研修員どうしの交流も実施されている。

ＦＳＩは、また、米国政府内での外国語習得能力の統一的な到達基準（ＩＬＲ）を設定している。

専門分野および地域研究については、領事、政治、経済、広報、総務、営繕等の専門的・実務的知識の研修や各国・各地域の各情勢についての研修を含む。特に領事研修については、6週間にわたり国務省に入省したすべての外務職員に義務づけられている。その研修のために特に用意された領事窓口等の模擬施設もある。広報についてはメディア・トレーニングが実施される。また、ベスト・プラクティスや教訓を蓄積するために最近の外交実務経験を検証するセンター（Center for the Study of the Conduct of Diplomacy）を設けている。

ＩＴ応用分野については、すべての職員を対象とした業務への活用、ＩＴ専門家のための技術研修、情報防護のためのＩＴ管理、在外公館勤務者の研修等が含まれる。

指導・管理分野については、幹部のための各レベルの研修、上級幹部のためのラウンドテーブルや政策セミナー、危機管理研修等を行っている。危機管理研修については、米国が持つ約２７０の在外公館の個別事情に応じた研修を行っている。一定以上の役職に就くためには本研修の修了が前提となる。

移行センターは、職員および家族が勤務期間中および退職後を通じて生活や業務が円滑に行えるように支援を行っている。国内外の空きポストに関する情報提供、外交官としての生活や安全についてのワークショップや課程の提供、他省庁からの出向者支援等である。

ＦＳＩは２０１９年に米国外交研究財団（U.S. Diplomatic Studies Foundation）とパートナーシップのＭＯＵ（了解覚書）を締結した。外交研究財団は元国務省高官等がメンバーとなっており、このＭＯＵにより、元大使等の知見をＦＳＩの研修に活かしていくメカニズムが作られた。

なお、ＦＳＩは研修を目的としており、研究機関としての機能は有していない。

英国

英国外務省の外交院（Diplomatic Academy of Foreign & Commonwealth Office）は、英国外務省の歴史上初めての組織として２０１５年に設立された。院長は本省局長級である。同学院は外務省の一部であり、その設立計画はウィリアム・ヘイグ外務大臣（当時）によって外務省に新たな語学センターが設立された２０１３年に発表された。長期にわたって外務省の組織としての強みと効果を発揮させる必要があるとの問題意識を持ったヘイグ大臣は、前政権の下で廃止された語学学校を復活した際に、外交院の設立計画を発表した。

外交院で提供される講義分野は、①国際政策、②外交実務、③国家と社会、④英国理解、⑤領事と危機管理、⑥経済と繁栄、⑦欧州、⑧マルチ外交、⑨安全保障とインテリジェンス、⑩法律、および⑪言語の計11のテーマで開始され、２０１６年に英国がＥＵ離脱を決定した後、⑫貿易政策と交渉、が新たに加えられ12分野となった。

２０１７年には省内マネージメント研修および地域学習・開発の海外ネットワーク研修もカバーし、外務省の中の主要な研修・開発のための一部門となった。外交院の事務局および研修室は外務省本部内にあるが、２０１９年には新しい研修施設（英国外務省の最初の女性外交官の名前にちなんで、Mayhew Theatreと呼ばれている）が開館した。

英国外交院の設立発表風景

外交院の特徴は、研修内容が、基礎レベル、実務レベル、専門家レベルと大きく3つのレベルに分けられているが、すべてのレベルを本省・在外どこに勤務していても、すべての職員が受講できること、そして、多くの教材がオンラインのプラットフォームで利用できることを目指している。ただし、外交院では、個人授業も可能であるものの、可能な限りグループでの学習を通じることにより、相互の経験の交流やチーム精神の涵養、相互の刺激ややる気の醸成に努めている。

外交院は、外務省職員および国際的分野に従事する他省庁職員のための授業やオンライン研修を行っているが、それに留まらず、「21世紀の外交」というテーマの下に対外的に公開されたオンライン課程も提供している。

フランス

フランスには有名な国立行政学院（ＥＮＡ）があり、高級官僚養成機関の役割を果たしている。１９４５年に設立されたグランド・ゼコールの一つである。毎年約１２０名のフランス人学生が入学し、卒業後数名が外務省に採用される。１９９１年に本部をパリからストラスブールに移したが、パリ校では２５００名以上の公務員や経営者幹部の中間研修を行っている。さらに外国からの留学生も受け入れており、日本からも外務省を始め公務員が毎年数名学んでいる。

卒業生はエナルク（Énarque）と呼ばれ、特急で官界、政界、経済界の出世街道を邁進する。これまで４名の大統領（ヴァレリー・ジスカール・デスタン、ジャック・シラク、フランソワ・オランド、エマニュエル・マクロン）、８名の首相を始め多くの逸材を輩出している。マクロン大統領は２０１９年４月の記者会見で、自らが卒業したＥＮＡの廃止を含む高級官僚の採用、養成、昇進に関する抜本的制度改革を言明した。その行方が注目される。

フランス外務省には外交領事研修所（L'Institut diplomatique et consulaire, Ministère de l'Europe et des Affaires étrangères：IDC）がある。同研修所は２０１０年に設立された。

ＩＤＣでの研修は、高級外務公務員にとって必須とされる研修の第一段階として位置づけられている。ＩＤＣ設立の背景には、２００８年公表のフランスの外交政策および欧州政策に関する白書によって指摘された問題が存在していた。同白書は、外務省における初歩段階の研修の欠如および上級管理ポストに就く経験を積んだ外交官に対する研修が不十分である点を指摘した。ＩＤＣ設立には、このような問題意識の共有が大きく作用した。

ＩＤＣには２つのレベルの研修がある。初任研修と中間研修のコースである。

初任研修は、研修員同士の一体感や仲間意識を醸成し、外務省の風土や初歩的な外交的知見を学習する。入省時の採用試験がアカデミックな能力を問う競争試験であるので、初任研修は実務や技量、経験の共有に焦点を置いている。初任研修終了時には、研修員は外務省の行政事務やその任務および価値（チーム・ワーク、ベスト・プラクティス、義務）に関する確固とした基本知識を獲得することを目指す。

初任研修は3ヶ月半続き、独外務省研修所等との合同プログラムも用意されている。経済・貿易外交についての研修も行う。語学研修が研修全般を通じて行われ、特に英語を完全に使いこなせることを目標にしている。初任研修はパリ地域の外務省の各施設およびナントにおいて行われる。この初任研修は必修である。

中間研修は、15年程度勤務し本省に筆頭課長補佐・室長レベルで戻ってくる中間管理職に向けられたものである。これは外務省内の幹部候補生をプールするものでもあり、研修対象候補者は、省内人事局によって決定される。

中間研修は、外交官の管理能力や指導力の強化および外交優先分野（経済外交、ソフト・パワー外交、安全保障、欧州問題、気候変動等）に関する知識を深めることを目的としている。集団研修とともに語学能力向上を含めた個人の潜在力を開発する個人的研修も提供する。中間研修は、1～3日間の研修を年6～7回、それを3年間にわたって行う。この3年間という期間は、外務職員の本省勤務の期間と通常合致する。

豪州

豪州外務貿易省の外交院（Diplomatic Academy, Australian Government, Department of Foreign Affairs and Trade）は、２０１６年に設立された。院長は次官補レベルである。英国外務省が外交院を新たに設立したのは前年であり、豪、英、蘭外務省間では相互プログラムを運営する等各国外務省研修所との連携にも熱心である。設立以前は、必要に応じて職員に対する研修を提供していたが、外務貿易省が21世紀に直面する幅広い外交・貿易上の諸課題に対応可能な組織となるべく、職員の専門技術の習得や能力向上をより効果的に実現するために設立された。20人の常勤スタッフと10人の非常勤スタッフによって運営されている。

外交院は、現代外交におけるベスト・プラクティスを共有するための最良のセンターとして位置づけられており、豪州の国益を増進するために働くすべての職員のための学習と開発の最前線ハブとして位置づけられている。外務貿易省職員のための赴任前研修が主な役割であるが、コースによっては赴任予定とは関係なく、必要に応じて外務貿易省および対外関係に従事する他省庁の政府職員やその他の機関職員も受け入れている。

外交院は、研修への自発的かつ能動的なアプローチを重視し、外務貿易省の能力向上戦略と連携し、外交インテリジェンスを支援し、職員の継続的な能力・技量向上を助け、現代外交における専門的知識を共有し、経験と知識の波及を目的としている。

研修内容は、多岐にわたり、①貿易投資と経済外交、②国際政策と戦略、③国際開発、④豪州理解、⑤インテリジェンス、⑥企業支援、⑦外国語、⑧領事業務、⑨法律事項の9つの分野に分かれている。研修プログラムは、年数回、数日間で集中的に特定テーマの研修を行う場合もあれば、在外公館勤務の前に行う包括的な研修もあり、期間や頻度は研修によって様々である。語学研修の一環として、赴任が決まった一定の職員に対して、言語の難易度により1~2年の研修を行っている。日本語については、本国での研修の後、横浜にある米国務省研修所での研修を受ける者もいる。外国語の研修は原則教師との1対1の個人教授方式をとっている。

外交院には、諮問会議が設置され、同会議には大臣をはじめとする外務貿易省関係者の他、大学教授、研究者、他省庁幹部等外部のメンバーも含まれている。

中国

中国外交培訓（研修）学院（China Diplomatic Academy：CDA）は2016年に正式に発

足した。ＣＤＡは外交学院（China Foreign Affairs University）の中に設立されている。外交学院は、外交分野で有名な外交部系統（現在は教育部との共管）の高等教育機関であり、外交官養成機関でもある。１９５５年に周恩来総理の提唱の下に設立され、現在では学部、修士課程、博士課程に計２０００名の中国人学生および１８０名の留学生を有する。外交・外事管理学科、英語学科、外国語学科、国際法学科等９つの学科と30余りの研究センターを擁する外交・国際関係分野を代表する中国の大学となっている。

これまで2万名余りの卒業生を輩出し、そのうち、５００名余りは大使および１０００名余りは参事官を歴任している。そして毎年約30名の卒業生が外交部に勤務し、「中国外交官のゆりかご」とも称されている。また、各国外交官を短期・長期のコースで受け入れている。

ＣＤＡは外交学院と密接な関係にあり、いわば、「二つの機関、二つの看板」とでも言うべき存在である。機構上もＣＤＡの院長は外交学院院長（大使経験者）が兼任している。２０１６年の開院式には楊潔篪《ようけつち》国務委員および王毅《おうき》外交部長（いずれも当時）が共に出席し、両者は挨拶の中でその設立趣旨を、習近平総書記の重要講話の精神を着実に履行し、中国の特色を持った大国外交の需要に応じた外交・外事部門養成のためのプラットフォームを積極的に建設することであると述べている。

ＣＤＡは、外交に従事する人材の資質向上を中心的な目的としており、外交部他中国各省・市といった地方政府の外事業務に従事する職員や国際機関職員候補者の訓練および国際交流・協力を主要任務としている。

ＣＤＡには、常務副院長および副院長ポストを設け、教務部、研修１部、研修２部、総合部の４部門を擁している。教務部は、公文書の調査研究、教学マネージメントおよび対外交流を担当する。研修１部は、外交部職員の研修を担当する。研修２部は、外交部以外で外事事務に従事する中国人職員および第三国から派遣された外交官等の研修を担当する。総合部は、官房事務を担当する。

ＣＤＡは、設立されてまだ日が浅いが、初任研修、実務研修、専門研修、外国人の研修等多方面、多チャンネルにわたる研修システムを持っており、研修員も外交部職員、地方を含めた全国の外事担当部門職員、各国外交官と幅広い範囲を扱っている。年間約６０００人が研修を受けている。ＣＤＡが２０１９年に作成したパンフレットによれば、研修のセッション数は２００に達しており、年率25％で増加、これまで約４５００名の幹部が研修を受けている。予算的には、新規採用者への初任研修に重点的に配分されている。

また、重慶、貴州、福建、湖北、四川、広西、上海の地方７ヶ所に拠点を設け、１３６０

名以上の地方の政府職員が研修に参加している。

研修方針は、「外交官が外交を教える」を基本とし、教員は現役の幹部外交官を主とし、外交部の上級幹部、大使、有力中堅幹部等が等しく教授している。設立以降の3年間で350名以上の教員が毎年派遣され、そのうち、42%は幹部外交官、53%は課長及び中堅幹部である。

また、大学・研究機関の専門家や学者がそれを補完している。同時に、国際的に知名度の高い学者も客員で教授している。国際交流・協力方面では、バイおよびマルチの枠組で各国の外務省研修所と協力覚書を結んでおり、例えば、国連や米、露、独等と具体的協力関係を進めている。日本の外務省研修所との交流促進にも意欲を示しており、2018年には、常務副院長（外交学院党委員会書記）が訪日した。

韓国

韓国外務省の研修機関である韓国国立外交院（Korea National Diplomatic Academy：KNDA）は、2012年に再編されてできたものであるが、前身は、1963年に設立された外務省職員研修所（EIFSO）である。同研修所は、1965年に外交分野の研究部門

韓国国立外交院

が追加され外交研究所（ＲＩＦＡ）に発展した。その後の地域およびグローバルな環境変化に対する包括的かつ系統的な分析の必要性に対応するために、ＲＩＦＡは外交・国家安全保障研究所（ＩＦＡＮＳ）となり、現在は、研究部門を担当するＩＦＡＮＳを包含したＫＮＤＡとして発展を続けている。何段階かの拡大を経て、ＫＮＤＡは、外交分野で韓国国内随一の規模を持つ研究・研修施設に成長した。このように、ＫＮＤＡは、外交官の訓練とともに、外交政策決定者にとっての研究シンクタンクの役割も担っている。院長は局長級である。

　ＩＦＡＮＳの下に、①中国研究、②日本研究、③ＡＳＥＡＮおよびインド研究、④外交史研究、⑤国際法研究の５つのセンターと、①安全保障・統一研究、②アジア太平洋研究、③米国研究、④欧州・アフリカ研究、⑤国際経済貿易研究の５つの部局、事務局および図書館が備わっている。

　ＫＮＤＡの下には、ＩＦＡＮＳの他、教育・研修部門および企画・評価部門がある。教育・研修部門では、外交官候補者のためのプログラム、新入省員のためのプログラム、職階に応じた研修、海外における研修、外国語の授業等が用意されている。さらに、各省庁アタッシェや国際会議・交渉のために広く公務員に用意されている研修、大学生のためのワークショップ、各国外交官のためのプログラム、e-ラーニング等にも対応している。

KNDAには30名を超える教授が在籍し、そのうちの半分は常勤研究者である。非常勤の教授のうち、6〜7割は閣僚・大使経験者等である。

韓国外務省における研修制度によれば、外交官候補者は、KNDAの入試に合格後、約1年間の研修を受けた後に外務省に正式に採用される。研修の一環として、2018年より1週間の在外公館研修を実施しており、翌年からは4週間に拡大され、経済協力、領事、政務、広報の現地研修が用意されている。

新たな制度の発足により、1968年以来実施されてきた外交官試験は2013年上半期をもって廃止され、下半期以降は、KNDAでの外交官候補選抜試験（約四十名が合格）および1年間の実地教育後の採用という新たな制度に移行した。この変更は、より質の高い外交官の採用を目的としている。外務省正式採用後は、本省および在外で5〜6年勤務した後、在外研修を2年間行う。

KNDAでは外務省職員の能力評価を行っており、課長・参事官級と局長・館長級の2段階で実施され、それぞれ年2回ずつ行っている。この試験に合格することが昇進の条件となっている。語学についても試験があり、一定の試験結果に達しない者は能力評価を受ける資格がない。

ＫＮＤＡは言うなれば、日本の外務省人事課の一部と研修所、そして公益財団法人日本国際問題研究所を外務省直轄の研究所に変えてこの3者を統合したような組織である。研修、教育、研究部門を備えているとは言え、予算規模も日本の外務省研修所とは桁違いである。

ロシア

ロシア外務省傘下の外交官養成機関としては外交院（Diplomatic Academy of the Russian Foreign Ministry）がある。１９３４年設立であり、同院のパンフレットによれば世界最古の外交官養成機関とされている。当初、外交官に対する研修を行う機関であったが、その後、一般学生も受け入れることとなり、モスクワ国際関係大学（ＭＧＩＭＯ。１９４４年にモスクワ大学国際関係学部を母体として設立された大学）とも一部機能が重なることとなった。

外交官研修分野では、国際関係、政治・経済外交、儀典等の講義、赴任対象国別の研修、領事研修、幹部職員研修等を行っており、これらのポストに就任するためには研修の受講が前提条件の義務となっている。また、外務省員は3年に1度、資格認定の研修受講を義務づけられており、2～3週間のコースを年間25コース程度実施し、計約４００名が受講している。

一般学生への教育については、国際関係論、国際法、国際経済の専攻分野において学部、大学院、夜間コース等が設けられている。約１２００名の学生が在籍している。講師陣には学者の他、大使・外務次官経験者を含む外務省出身者もいる。外国語教育は、英、仏、独、西、葡、伊、アラビア、日、中、韓等、約20言語が用意されており、そのうち2言語選択が必修となっている。

毎年、約70ヶ国の外相、政治家、官僚、国際機関幹部、軍人、学者、メディア関係者等が外交院を訪問し、講演やスピーチを行っている。また、外国人留学生は約30ヶ国から２００名以上が学んでいる。日本からも外交官や商社員が留学している。

４・３　外務研修に関する多国間協力

各国外務省研修所での経験や知見を共有し、意見交換と交流を深めることを目的に、日本が関係する2国間および多国間の協力フレームワークがいくつか存在する。２国間では、例えば米、独、西、中、韓、豪、インドネシア等と協力を進めている。また、多国間では、下記に紹介するような枠組が存在する。

外務研修に関する国際フォーラム（ＩＦＤＴ）

世界外務省研修所長会議とも言える「外務研修に関する国際フォーラム」（the International Forum on Diplomatic Training：IFDT）は、各国外務省研修所長および国際関係分野の大学院・研究所所長による年次会議として、１９７２年にウィーン外交院内に設置された。ウィーン外交院は、国際問題分野の大学院である。

第１回会議は１９７３年に開かれた。毎年開催されており、従来2年に1回はウィーンで、残る1回は各国の持ち回りで行われることが慣例であったが、最近は毎年各地で行われている。２０１８年9月にはワシントンＤＣ（第45回）、２０１９年9月にはジュネーブ（第46回）で会議が催された。

ＩＦＤＴは、現代外交および外務研修の最近の動向に関して非公式に情報交換する場として位置づけられている。ＩＦＤＴは研修プログラムや教授方法等に関する意見交換のプラットフォームの機能を果たしており、国連等、国際機関におけるマルチ外交、外務研修の地域的特徴、グローバル化した世界における小国外交、環境外交等の議題が扱われてきた。2019年1月時点で、52ヶ国63機関がメンバーとなっている。

筆者が参加した第46回会議では、今後のマルチ外交やデジタル時代の外交、科学外交、経済界・学界・市民社会とのパートナーシップ等、新たな外交ニーズの下で求められる外交官の素養や技量、知識に関する研修をテーマに世界各国から100名を超える外交官、研究者、NGO関係者等が集い、活発な議論が交わされた。外務研修にかかわる最新の課題を認識するとともに、各国同業者とのネットワーク構築の観点から非常に有益な会議であった。

ASEAN+3外務省研修所長会議

ASEAN+3外務省研修所長会議は、2003年にクロアチアで開催されたIFDTにおいて設立が合意された。東アジア域内の外交官養成についての経験交流や相互協力のため、ASEAN各国と日中韓が交互に主催して2004年にインドネシアで初めて開かれて以降、原則毎年開催されている。最近では、2017年にマニラ、2018年に北京、2019年にハノイで開催されており、2020年には東京（第15回）での開催が予定されている。

なお、ハノイ会議からは、同時期に若手外交官対象の合同セミナーも実施されている。A

SEAN＋3外務省研修所長会議は、このように従来の情報交換・共有の段階から、セミナー開催やデータベースの一部共有など、具体的な協力推進に力を入れつつある。

日中韓外務省研修所長会議

日中韓外務省研修所長会議は、ASEAN＋3外務省研修所長会議が日中韓のいずれかで開催される際に、その機会を活用して開催されている。第1回会議は2016年4月にソウルで開催された。その際に、協力覚書が署名された。覚書の目的として日中韓外務省研修所三者間協力を強化することを掲げている。そのため、各研修所の研修計画やベスト・プラクティスについての情報交換、研修所担当者、講師および研修員の相互交流や相互訪問、各国並びに3ヶ国間協力に関する理解を増進するための講義といった分野で協力を推進していく。今後、日中韓のいずれかでASEAN＋3外務省研修所長会議が主催される際、すなわち2年に1度の頻度で、日中韓外務省研修所長会議を開催することになっている。

日中韓3ヶ国研修所長会議では、外務研修についての意見交換および実施中の協力につき評価を行う。また、ASEAN＋3研修所長会議をASEANの国が主催する場合にも、その機会を利用して日中韓で非公式な協議を適宜行う。3カ国研修所長会議の他、事務レベルで日中韓研修所間協力のためのワークショップが別途毎年開かれている。

なお、日中間では、２０１８年10月に安倍晋三総理大臣が公式訪中した際に、両国外務省間で交流・協力の年間計画の作成に関する覚書が安倍総理および李克強総理出席の下に署名された。それに基づき２０１９年の交流・協力の年間計画が発表されたが、その中で、日本の外務省研修所と中国の外交研修学院との交流を行うことが明記された。これに先立つ９月下旬には、外交研修学院副院長が訪日した。当該年間計画に基づき２０１９年４月には在京中国大使館政治部長（公使参事官）が外務省研修所を訪れ、日中関係につき若手外務省研修員に対し日本語で講義を行った。

おわりに

外交は、行政の一部として、当然ながら選挙を通じて国民の信託を受けた政治家が最終的な判断を行い、その結果責任を負う。政治家が総合的な見地から判断するために、専門的な立場から政策の選択肢およびその優先順位を政治家に提示し、その政策実現のために具体的な交渉等外交関係の処理を行うのが外交官である。

外交官という職業は、その資質、語学力、国際法・国際関係をはじめとする専門知識、交渉術、情報収集力、調査分析力その他の卓越した能力を日々研鑽しながら、一生をかけて極めていくべき専門プロフェッショナルな仕事である。

国益のために、自国政府を代表して職業人生のかなりの部分を異境の地に過ごし、時として劣悪な生活・安全環境の中に身を置いて、専門の外国語を駆使して、知識と教養と経験を背景に、国家間の交渉、情報収集・分析、文化交流、広報、領事、経済協力、平和維持といった幅広い活動を展開する。各国外交官の間に職業外交官として国家を超えたギルド的繋がりさえ生じる。その意味では、弁護士、会計士、医師等と共通する側面があると思う。

そもそも、日本では独特で奇異な意味を付与されているキャリア（上級職・総合職公務員）という言葉も、もともとは政治任用（political appointee）とは異なる職業外交官という意味で使われるキャリア・ディプロマット（career diplomat）からの転用とも言われている。筆者自身、便宜上本文で何度か使用したノン・キャリア（ノンキャリ）という表現も、本来的にはそれ自体が実態を表しておらず適切ではない。総合職も専門職も役割の違いはあれ、職業外交官という点において変わりはない。

このような職業外交官を育成する上で、研修は極めて重要である。他方、研修は、実務をより効果的に行うための黒子に過ぎないということも認識しておく必要がある。あくまでも端役であり主役ではない。仮に、外務省生活を40年として、この中で5年間を研修に割り当てるとすると、実務期間は35年になる。研修を受けずに40年間働くよりも、5年間の研修を除いた35年間のパフォーマンスが総合的により高くならないと研修の実質的意味はない。

明治期の日本人外交官は、帝国主義列強の大海の中に小舟で出帆し、政治家や軍人とも連携しつつ、見事なまでに巧みに荒波を乗り越えた。日清・日露の両戦役に勝利を収め、「一等国」の仲間入りをすることとなり、近代国家日本の独立を確固たるものとした。そして第1次大戦の戦勝国となった日本は、近代化と「軍事力」を背景にアジアを代表する主要国として影響力を拡大した。

しかし、その後、国家の命運の重大な岐路となる歴史的局面において外交的選択を誤り、軍事力の適切な制御に失敗し、結局は外交そのものが軍事に押しつぶされてしまった。第2次大戦の敗戦により、先人が血の滲《にじ》むような努力で営々として築き上げてきた戦前の「遺産」を根底から崩壊させてしまい、再びゼロからの出発を余儀なくされたのである。戦没者は３１０万人に上り、領土の半分を奪われ、国富の4分の1を失い、海外在留約７００万人の軍人・民間人が内地に引き揚げてきた。まさに「外交的センスのない国家は滅ぶ」を地で行ったようなものである。

戦後の日本外交は、過去への深い反省と教訓を踏まえ、平和国家として生まれ変わり、「経済力」への国力と資源の集中を基本的政策とする方向を進んできた。そして、１９８０年代には「ジャパン・アズ・ナンバーワン」と言われ、21世紀には米国の経済力を凌《りょう》駕《が》することも夢ではないと信じられた時期もあった。ＯＤＡ供与額も世界1位を誇っていたが、バブル経済の崩壊以降、その経済力にもすでに昔日の面影はない。

パブリック・ディプロマシーの重要性が叫ばれる中で、今後は、「文化力」を始めとする日本の洗練された魅力や価値観、そして成熟国家が共に直面する諸課題解決の先進的模範例を世界に示すこと、すなわちソフト・パワーを外交力の背景にしていく時代となった。そして、国際協調主義に基づく「積極的平和主義」の下、このような日本の力を世界に発信し、存在感を高め、日本にとって望ましい安定した国際環境を創出していくための外交力そのものが厳しく問われる時代となったように思う。

日本外交を取り巻く重要課題は山積している。①基本的価値および戦略的利益を共有する米国との同盟の強化と安全保障、②近隣諸国との未来志向の関係強化、③自由、開放的かつルールに基づいた世界経済システム構築のための経済外交の推進、④地球規模課題への対応、⑤自由で開かれたインド太平洋地域の平和、安定、繁栄の促進、といった外交諸課題に正面から取り組まなければならない。

21世紀の日本は、少子高齢化という今世紀最大の挑戦を受けている。国際社会の中で、伝統的な意味での日本の国力の相対的な地位低下が避けがたい客観情勢の中で、影響力のある外交を展開するためには、これまで以上に外交官各々の力量、言い換えれば総合的人間力が問われる時代となってくる。

しかしながら、足下の外交官を含めた公務員に対する世論の一般的見方は厳しい。不祥事による自業自得は大いに反省する必要があるのは言うまでもない。しかし、多くの公務員は私生活を犠牲にして「全体の奉仕者」として真摯《しんし》に職務に専念していることも厳然たる事実である。筆者が入省した頃は、社会が右肩上がりで余裕のあった最後の時代だったせいもあるが、官僚に対する世評も「日本は、一流の官僚が支えているから安泰である」といった大らかな見方すら一般的であったのを振り返ると、隔世の感がある。

現在では、公務員を巡る厳しい情勢の中で、現役官僚の誇りと矜持《きようじ》、そして使命感は時として揺らぎ、職場環境・待遇に対する不安と魅力の低下により、高収入が期待できるITや金融、弁護士・会計士、外資系等に優秀な若い人材が流れ、役人離れが起きつつあることを危惧する。

もちろん、民間部門が優秀な人材を引きつけることは、民主導による創意工夫と競争原理によって新しいアイデアや社会の効率性、そしてダイナミズムを生み出す上で、歓迎されるべき人材の新たな最適配分の動きとも言えよう。また、外交は外務省そして外交官のみで行われている訳ではもちろんない。しかしながら、国際関係が主権国家を基本単位として成り立っている以上、引き続きその主要な役割を担っていることには変わりないのも事実である。

外交における国家百年の計に思いを馳《は》せると、少子化の中でも優秀な人材を外務省が確保することが不可欠であり、さらに、外交官研修制度の充実とその効果的活用が長期的には国家の命運を左右しかねない重要な意味を持つことを痛感する。少なくとも個々の外交官がこのような自覚を強く認識する必要がある。本書を通じて、本来黒子の目立たない存在である研修所が、華やかな外交の表舞台を陰で支えていることを読者に多少なりとも理解していただければ望外の幸せである。

今後、研修所は外交分野で起きつつある「第4次産業革命」、言わば「ディプロマシー（外交）4・0」とも言うべき新たな展開を踏まえ、さらなる研修制度の整備を図る必要がある。優れた講師の確保、語学や外務講義の内容の充実、演習やシミュレーション、ロール・プレイング等、研修方法のさらなる開拓、IT技術を活用した遠隔やオン・デマンド配信等の整備、研修と研究の連携強化、国内外の研修所との交流・協力の一層の促進等、より効果的な研修のために取り組みを強化すべき課題は少なくない。

もちろん、いくら研修制度が充実していても、個々の外交官が自らを切磋琢磨《せっさたくま》していくという心構えと弛《たゆ》まぬ努力を怠れば意味がないことは言うまでもない。

２０１９年4月に小和田恆元国際司法裁判所所長（元外務事務次官）が、外務省研修所において先輩外交官の立場から第2部・第3部の前期・後期研修員に対して行った特別講話の中に、「外交はサイエンスではなく、アートである」との印象的な話があった。「国際関係論」が国際社会の客観的な原理や法則を明らかにしようとする社会「科学」（サイエンス）であるとするならば、「外交」は、政治と同様、様々な可能性の「芸術」（アート）である。外交も究極的には人と人の関係である。国益を追求する営みの中に、外交官どうしの人間対人間の接触による千差万別の「化学反応」が生じ、それが外交の成果にも微妙な影響を与える。他の芸術活動と同様に外交も極めて創造的な営みであるとも言えよう。

明治・大正時代の日本外交に多大な貢献をしたデニソン外務省法律顧問は、「外交官の真髄は教うべからず、習うべからず、機微の間に体得するにあり」と、禅問答のような言葉を残している。研修所で受けるべき必要な研修を修めた上での外交官の心得の「上級編」としては蓋《けだ》し至言であろう。

光文社新書編集部の小松現副編集長なくしては本書の出版は実現しなかったであろう。この場をお借りして出版不況の中の「英断」に深謝申し上げる。

外務省研修所の同僚諸氏には、最新の研修事情やプログラムに必ずしも精通していなかった筆者を教育し、かつ、サポートしてくれたことに改めて感謝申し上げたい。縁の下の力持ちである彼らの人材養成にかける情熱と研修員に対する支援なしには、外務省研修所の運営管理も成り立たない。また、二人三脚で日頃より支援いただいている大臣官房、特に人事課に改めて感謝申し上げる。

さらに、将来の日本外交を担う研修員を一人前の外交官に育て上げるために強い誇りと使命感を持って教授いただいている外務省内外の外国語および外務講義の多くの講師陣にもこの場を借りて謝意を表明したい。

外務省入省直後の研修員たちの目は希望と意欲と使命感に輝いている。研修所長として無限の可能性を秘めた若い研修員たちから、日々新鮮な刺激を受けたことは何よりの喜びであった。彼らが、今後の外務省生活の中でこの時代の「初心」を忘れず、将来の日本外交を切り拓《ひら》いてくれることを信じている。

最後に、筆者の在外生活を公私にわたり、時に本人以上の効果をもって支えてくれた妻ゆかりに感謝したい。

外務省入省後36年ぶりの研修所生活は、筆者自身の外交官生活を見つめ直し、初心を想起させ、あるべき外交官道を模索する貴重な機会を与えてくれた。筆者の外務省人生の始まりと終わりが研修という糸で繋がったような不思議な気分である。

研修所の現在の営みが、10年後、20年後の日本外交を担う優秀な人材を養成することに繋がり、長期的な観点から日本外交のパフォーマンスを向上させることを信じて筆を擱《お》く。

２０２０年４月

片山和之

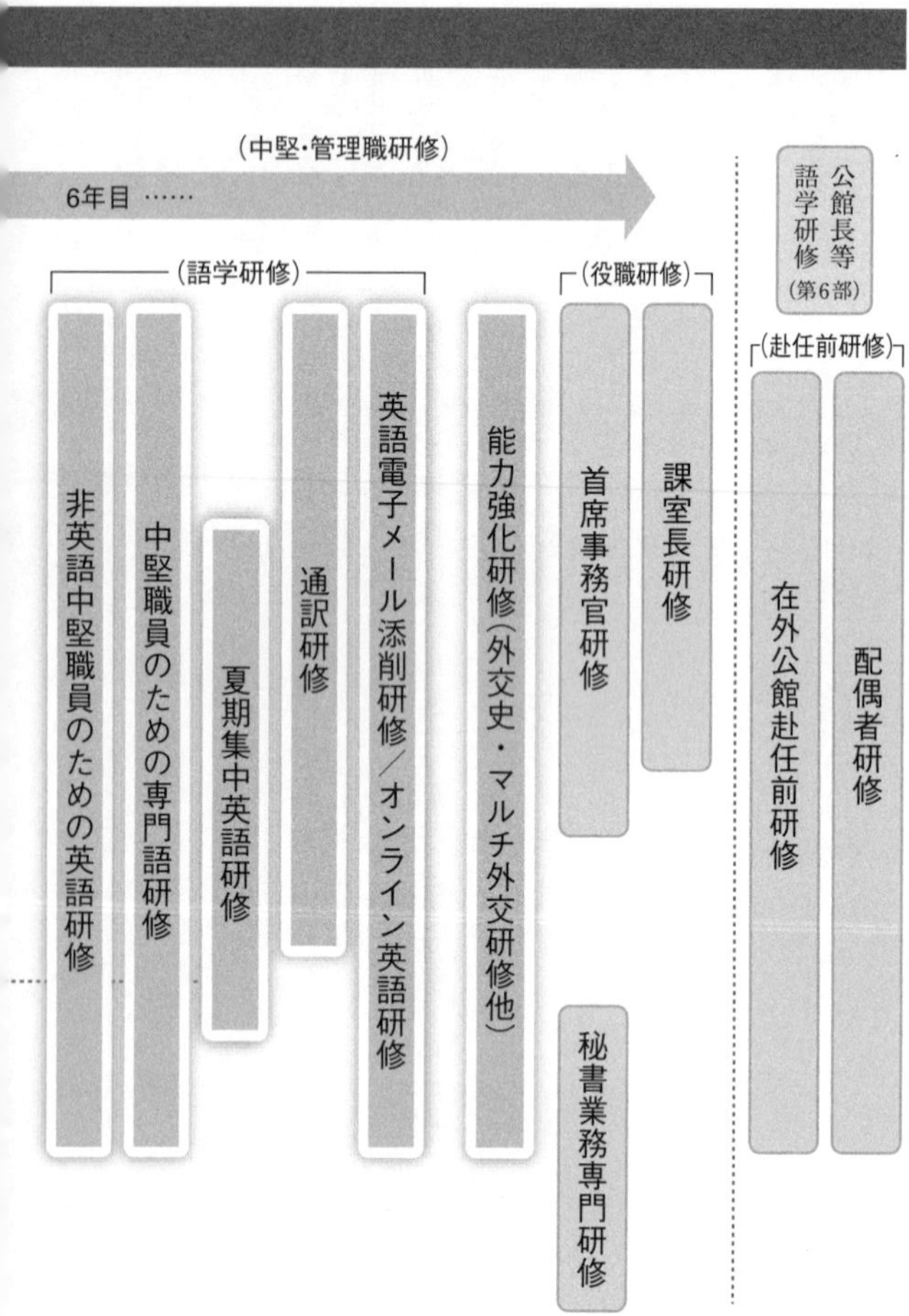

6年目 ……
（中堅・管理職研修）
（語学研修）
非英語中堅職員のための英語研修
中堅職員のための専門語研修
夏期集中英語研修
通訳研修
英語電子メール添削研修／オンライン英語研修
能力強化研修（外交史・マルチ外交研修他）
（役職研修）
首席事務官研修
課室長研修
秘書業務専門研修
公館長等語学研修（第6部）
（赴任前研修）
在外公館赴任前研修
配偶者研修

外務省員研修の流れ

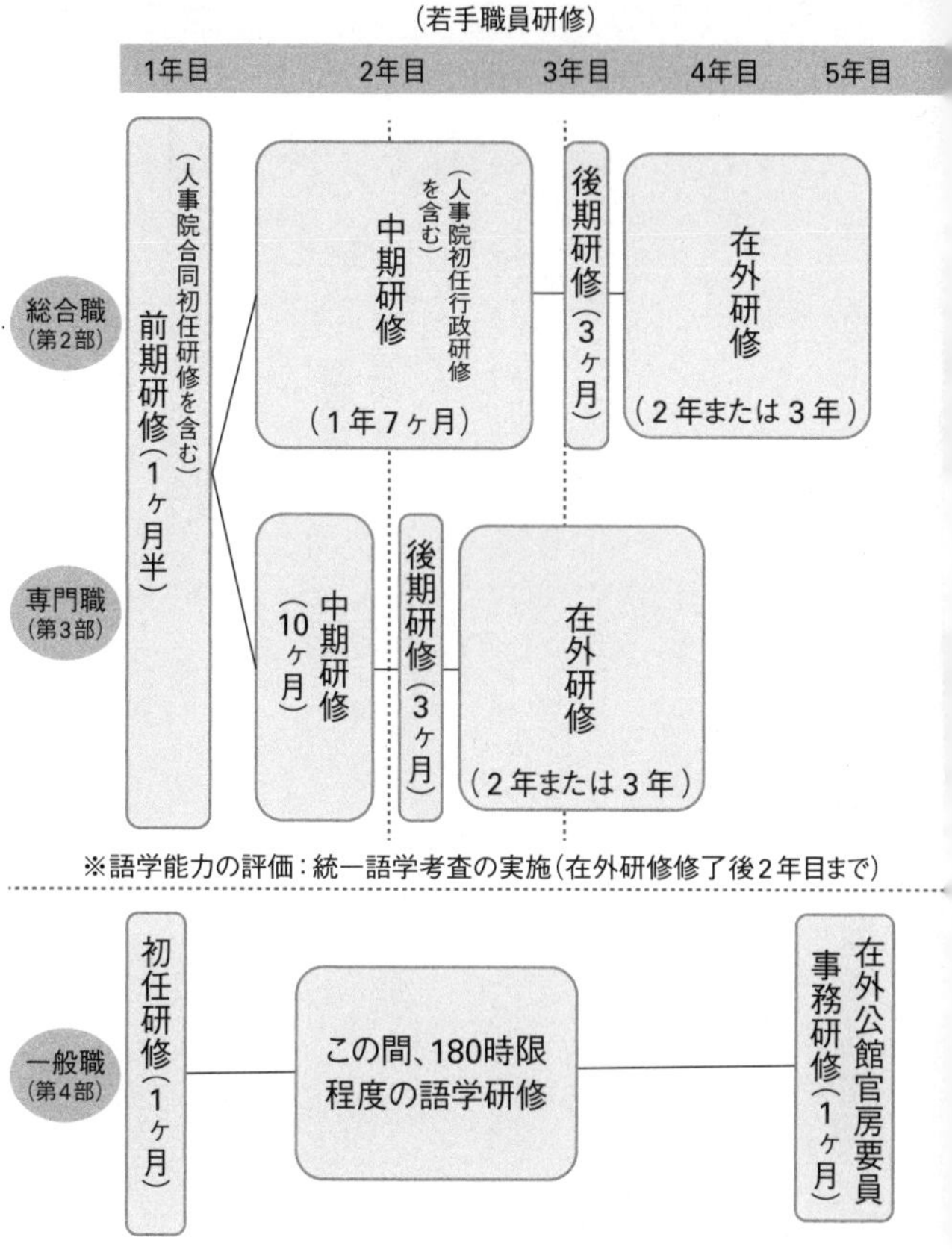
（若手職員研修）
1年目
2年目
3年目
4年目
5年目
総合職（第2部）
専門職（第3部）
前期研修（1ヶ月半）
（人事院合同初任研修を含む）
中期研修
（人事院初任行政研修を含む）
（1年7ヶ月）
後期研修（3ヶ月）
在外研修
（2年または3年）
中期研修（10ヶ月）
後期研修（3ヶ月）
在外研修
（2年または3年）
※語学能力の評価：統一語学考査の実施（在外研修修了後2年目まで）
一般職（第4部）
初任研修（1ヶ月）
この間、180時限程度の語学研修
在外公館官房要員事務研修（1ヶ月）

年間スケジュール

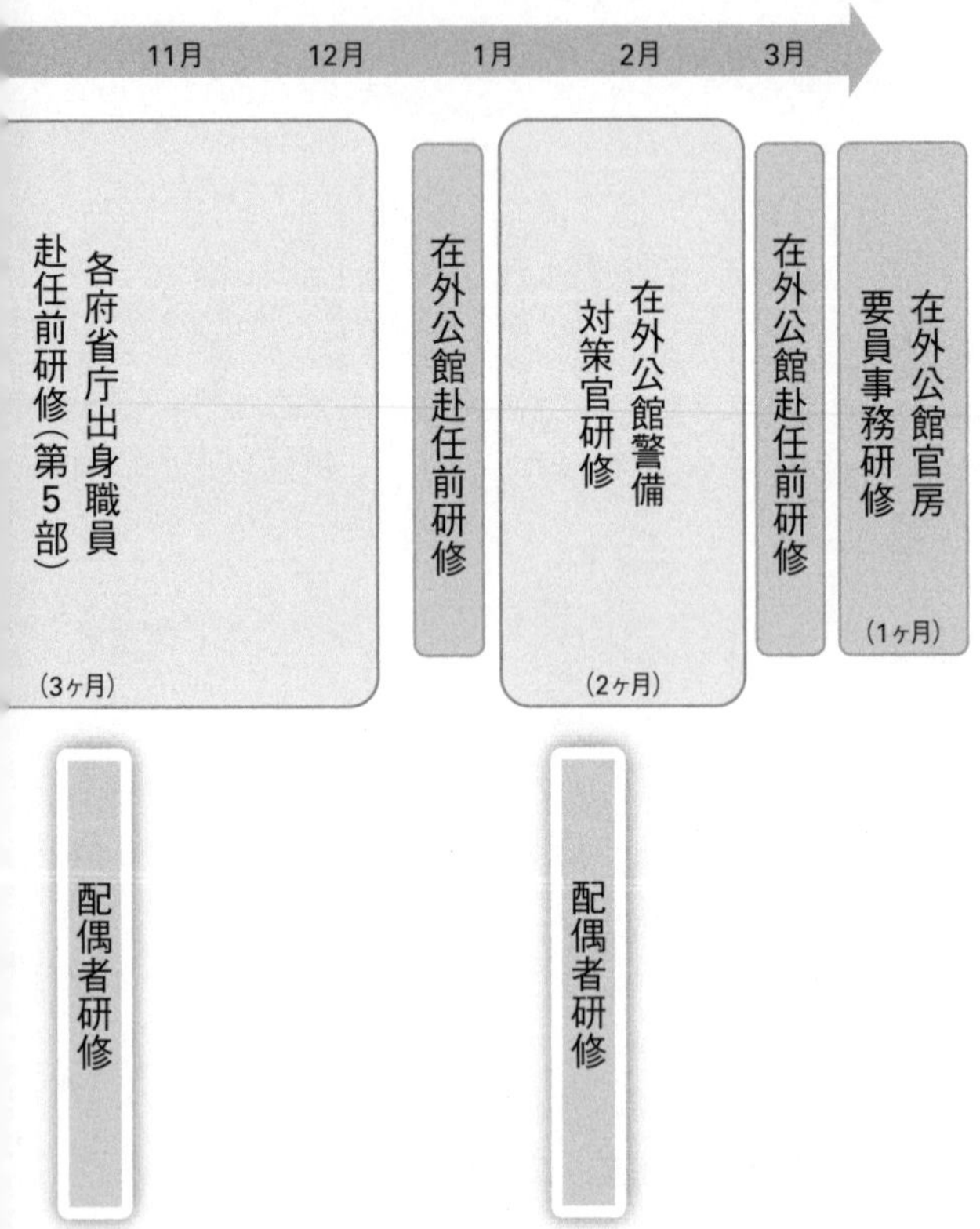
11月
12月
1月
2月
3月
各府省庁出身職員赴任前研修(第5部)
(3ヶ月)
在外公館赴任前研修
在外公館警備対策官研修
(2ヶ月)
在外公館赴任前研修
在外公館官房要員事務研修
(1ヶ月)
配偶者研修
配偶者研修

外務省研修所主要研修プログラムの

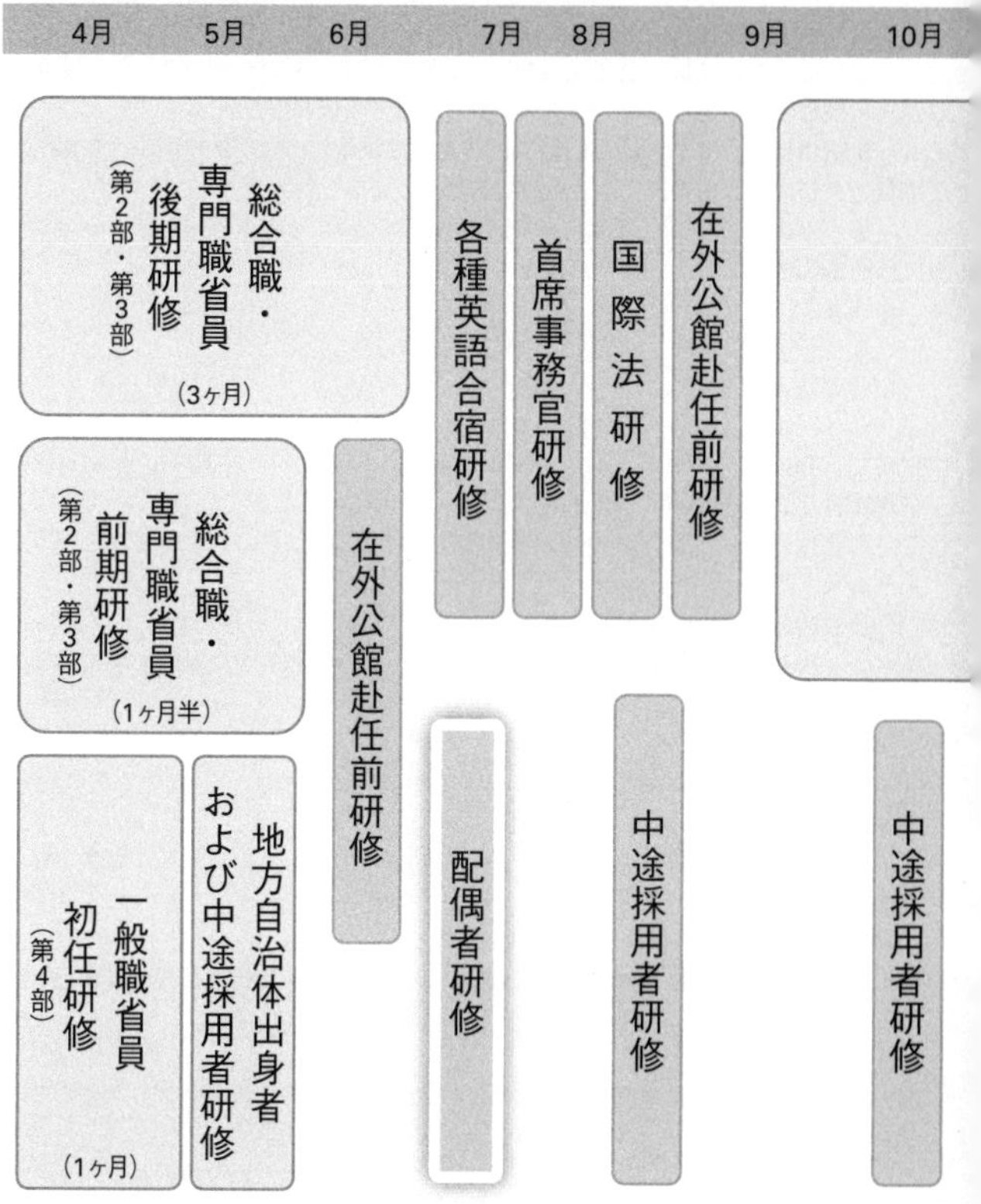

4月
5月
6月
7月
8月
9月
10月
総合職・専門職省員後期研修（第2部・第3部）
（3ヶ月）
総合職・専門職省員前期研修（第2部・第3部）
（1ヶ月半）
一般職省員初任研修（第4部）
（1ヶ月）
地方自治体出身者および中途採用者研修
在外公館赴任前研修
各種英語合宿研修
配偶者研修
首席事務官研修
国際法研修
中途採用者研修
在外公館赴任前研修
中途採用者研修

3　第二部においては、新規採用の国家公務員採用Ⅰ種試験合格者、国家公務員採用総合職試験合格者及びこれに準ずる者に対する研修を行う。
4　第三部においては、新規採用の外務省専門職員採用試験合格者及びこれに準ずる者に対する研修を行う。
5　第四部においては、新規採用の国家公務員採用Ⅲ種試験合格者、国家公務員採用一般職試験合格者及びこれに準ずる者に対する研修を行う。
6　第五部においては、外務職員に併任されている外務省以外の国の行政機関の職員で、在外公館に勤務する予定の者に対する研修を行う。
7　第六部においては、第二項から第六項までに掲げる者以外の外務省職員に対する研修を行う。
（研修方法）
第二条　研修は、講義、演習、見学及び実習により行う。
（研修の委嘱）
第三条　所長は、研修所職員以外の外務省職員に対し、その者の属する長の承認を得て、研修員（研修所において研修を受ける者をいう。以下同じ。）に対する研修を行うことを委嘱することができる。
2　所長は、外務省職員以外の学識経験者に対し、研修員に対する研修を行うことを委嘱することができる。
（外務省職員以外の者に対する研修）
第四条　所長は、特に必要があると認めるときは、外務省職員以外の者に対し、研修を受けることを許可することができる。
（通信による研修）
第五条　研修所は、外務省職員に対し、通信による研修を行うことができる。
（規律）
第六条　研修員は、研修所における研修期間中、所長の定める規律に服さなければならない。
（研修の結果の報告）
第七条　所長は、研修を終了した者の氏名及び研修の結果を外務大臣に報告しなければならない。
（上級幹部研究員）
第八条　外務大臣は、外務省職員のうちから上級幹部研究員を命ずることができる。
2　上級幹部研究員は、研修所において、外交に関する重要な政策及び問題についての調査及び研究を行う。
（執務細則）
第九条　所長は、この規則で定めるもののほか、外務大臣の承認を得て、必要な執務細則を定めることができる。

を与えて、外国においてもっぱら研修を受けることを命ずることができる。
2　外務大臣は、外務省専門職員採用試験の合格者で外務省研修所における研修を終了し、又は本省において実務に従事したものを外務省専門職研修員とし、課題を与えて、外国においてもっぱら研修を受けることを命ずることができる。
3　前二項の在外研修の期間は、三年を超えない範囲内で外務大臣が定めるものとし、研修地到着の日から起算するものとする。ただし、場合により、その期間を延長し、又は短縮することができる。
（特別語学研修）
第五条　外務大臣は、必要があると認めるときは、在外公館に勤務する外務職員を特別語学研修員とし、もっぱら特定の語学の研修を受けることを命ずることができる。
2　前項の特別語学研修の期間は、六月を超えない範囲内で外務大臣が定めるものとし、研修地到着の日から起算するものとする。ただし、場合により、その期間を延長し、又は短縮することができる。
（語学研修）
第六条　外務大臣は、在外公館長の推薦に基づいて、在外公館に勤務する外務職員（第五条の規定により研修を命ぜられた者を除く。）を語学研修生とし、三年を超えない範囲内で外務大臣が定める期間、特定の語学の研修を受けることを命ずることができる。
（指導監督官）
第七条　外務大臣は、第三条の規定により研修を命ぜられた外務職員の指導監督を行うため外務本省に勤務する外務公務員の中から、指導監督官を命じなければならない。
2　第四条、第五条又は第六条の規定により研修を命ぜられた外務職員の指導監督を行うため当該研修を命ぜられた外務職員の任国の日本国大使館の長は、当該大使館の職員（当該大使館の長を含む。）の中から指導監督官を指名し、その氏名を外務大臣へ報告しなければならない。
3　指導監督官は、必要に応じ、研修を命ぜられた外務職員について、考査を行い、又は研修状態に関する報告を徴することができる。この場合には、その結果を外務大臣に報告しなければならない。
（研修命令の取消し）
第八条　外務大臣は、研修を命ぜられた外務職員が研修を継続することを不適当と認めた場合には、その研修命令を取り消すことができる。

●外務省研修所研修規則
（研修の区分）
第一条　外務省研修所（以下「研修所」という。）における研修の区分は、第一部、第二部、第三部、第四部、第五部及び第六部の各部とする。
2　第一部においては、課長相当職以上の外務職員に対する研修を行う。

者をいう。）に対する研修を行う。
3　総括指導官は、前項に規定する研修を行うほか、指導官及び副指導官を統轄し、研修に関する事務について調整する。
4　副指導官は、第二項に規定する研修を行うほか、総括指導官及び指導官を補佐する。
（研究主事等）
第五十三条　研修所に、研究主事、教務主事及び事務主事を置く。
2　研究主事は、研修実施に必要な研究に関する事務に従事する。
3　教務主事は、教務に関する事務に従事する。
4　事務主事は、会計及び庶務に関する事務に従事する。
（顧問）
第五十四条　研修所に、顧問を置くことができる。
2　顧問は、外務大臣が委嘱する。
3　顧問は、所長の諮問に答える。
4　顧問は、非常勤とする。

●外務職員の研修に関する省令
外務公務員法（昭和二十七年法律第四十一号）第十五条の規定に基き、外務職員の研修に関する省令を次のように定める。

（研修の目的）

第一条　研修は、外務公務員として必要な知識、能力及び教養を増進することを目的とする。

（研修所における研修）

第二条　外務大臣は、外務職員に対し、適当な時期に期間を限って、外務省研修所において研修を受けることを命じなければならない。
2　外務大臣は、国家公務員採用Ⅰ種試験若しくは国家公務員採用総合職試験又は外務省専門職員採用試験に合格して外務職員に採用された者に対し、採用後直ちに又は一定期間実務に従事させた後外務省研修所において期間を限って研修を受けることを命じなければならない。
（委託研修）
第三条　外務大臣は、外務職員に対し、課題を与えて、国内にある教育機関、研究所等において研修を受けることを命ずることができる。
2　前項の研修期間は、二年を超えない範囲内で、必要に応じて外務大臣が定めるものとする。
3　外務大臣は、前二項の規定に基づいて研修を命ぜられた外務職員から、適時研修状態及び研修成績に関する報告を徴することができる。
（在外研修）
第四条　外務大臣は、国家公務員採用Ⅰ種試験又は国家公務員採用総合職試験の合格者で外務省研修所における研修を終了したものを在外上級研修員とし、課題

外務省研修所関連法令（関係部分の抜粋）

●外務省設置法

第四条　外務省は、前条第一項の任務を達成するため、次に掲げる事務を司る。

二十八号　政令で定める文教研修施設において所掌事務に関する研修を行うこと。

●外務公務員法

第十五条　外務大臣は、外務省令で定めるところにより、外務職員に、政令で定める文教研修施設又は外国を含むその他の場所で研修を受ける機会を与えなければならない。

●外務公務員法施行令

第一条の三　法第十五条に規定する政令で定める文教研修施設は、外務省研修所とする。

●外務省組織令

第四章　施設等機関

（外務省研修所）

第九十三条　外務省に、外務省研修所を置く。

2　外務省研修所は、外務省の職員に対してその職務を行うに必要な訓練を行うことを司る。

3　前項に定めるもののほか、外務省研修所の位置、内部組織その他外務省研修所に関し必要な事項は、外務省令で定める。

4　外務省研修所は、外務省設置法第四条第一項第二十八号に規定する政令で定める文教研修施設とする。

●外務省組織規則

第二章　施設等機関

（外務省研修所の位置）

第五十条　外務省研修所（以下「研修所」という。）は、神奈川県に置く。

（所長及び副所長）

第五十一条　研修所に、所長及び副所長一人を置く。

2　所長は、研修所の事務を掌理する。

3　副所長は、所長を助け、研修所の事務を整理し、所長に事故があるときは、その職務を代理する。

（指導官等）

第五十二条　研修所に、総括指導官一人、指導官及び副指導官を置く。

2　総括指導官、指導官及び副指導官は、研修員（研修所において研修を受ける

1999. 7.	時野谷　敦
2001. 5.	阿部知之
2003. 7.	上田秀明
2005. 3.	高橋恒一
2007. 1.	西田芳弘
2010. 4.	鹿取克章
2011. 3.	野川保晶
2012. 10.	鈴木敏郎
2013. 3.	兒玉和夫
2013. 10.	谷崎泰明
2014. 9.	佐藤　悟
2016. 4.	泉　裕泰
2017. 7.	斎木尚子
2019. 1.	片山和之

歴代外務省研修所長

（注：専任の研修所長が任命されて以降の所長事務取扱は省略）

1946.	2.	松嶋鹿夫（外務次官　研修所長事務取扱）
1946.	5.	寺崎太郎（外務次官　研修所長事務取扱）
1946.	8.	佐藤尚武（特命全権大使　研修所長事務取扱）
1947.	2.	佐藤尚武（外務省嘱託　研修所長事務取扱）
1947.	5.	岡崎勝男（外務次官　研修所長事務取扱）
1947.	9.	堀内謙介（外務省講師　研修所長事務取扱）
1949.	4.	太田一郎（外務次官　研修所長事務取扱）
1949.	7.	松永直吉（研修所長。以下同じ）
1955.	3.	門脇季光
1955.	9.	日高信六郎
1959.	6.	渋沢信一
1961.	8.	与謝野　秀
1964.	1.	徳永太郎
1965.	9.	三宅喜二郎
1968.	3.	高橋通敏
1970.	9.	小島太作
1972.	1.	小川平四郎
1973.	2.	原　栄吉
1975.	7.	岡田　晃
1978.	2.	吉岡一郎
1979.	12.	御巫清尚
1981.	11.	穂崎　巧
1983.	11.	野田英二郎
1987.	1.	賀陽治憲
1988.	12.	堤　功一
1991.	6.	木幡昭七
1992.	12.	山下新太郎
1994.	7.	湯下博之
1996.	7.	法眼健作
1998.	7.	高野紀元

参考文献

〈単行本・調書〉

浅井基文『外交官』講談社　1991
浅海保『変節と愛国　外交官・牛場信彦の生涯』文藝春秋　2017
朝日新聞社編『日本外交秘録』朝日新聞社　1934
有田八郎『馬鹿八と人はいう　一外交官の回想』光和堂　1959
五百旗頭真編『戦後日本外交史』有斐閣　2014
石射猪太郎『外交官の一生』中央公論社　1986
井上寿一『日本外交史講義』岩波書店　2003
上田秀明『現代国際政治私史　一外交官の回想』岳陽舎　2018
牛場信彦『外交の瞬間　私の履歴書』日本経済新聞社　1984
大野勝巳『霞が関外交　その伝統と人々』日本経済新聞社　1978
大原瞠『公務員試験のカラクリ』光文社　2011
岡田晃『水鳥外交秘話　ある外交官の証言』中央公論社　1983
小倉和夫『吉田茂の自問　敗戦、そして報告書「日本外交の過誤」』藤原書店　2003
小和田恆『外交とは何か』NHK出版　1996
小和田恆『参画から創造へ――日本外交の目指すもの――』都市出版　1994
E・H・カー『歴史とは何か』岩波書店　1962
E・H・カー『危機の二十年　理想と現実』岩波書店　2011
外務官吏研修所『外務官吏研修所概観』外務官吏研修所　1948
外務省外交史料館日本外交史辞典編纂委員会『新版・日本外交史辞典』山川出版社　1992

外務省外交史料館編『企画展示　岐路に立つ外交官―難局に直面した戦前期外交官の意見書―』外務省外交史料館　2007
外務省研修所『外務省研修所十年史』外務省研修所　1956
外務省戦後外交史研究会『日本外交30年　戦後の軌跡と展望』世界の動き社　1982
外務省百年史編纂委員会編『外務省の百年』（上・下）（明治百年史叢書第95巻・第96巻）原書房　1969
外務省編『日本外交年表竝主要文書』（上・下）（明治百年史叢書第1巻・第2巻）原書房　1965
加瀬俊一『外交官』講談社　1957
加藤千幸『エリートの崩壊　外務省の虚像と実像』PHP研究所　2002
フランソワ・ド・カリエール『外交談判法』岩波書店　1978
河東哲夫『新・外交官の仕事』草思社　2015
岸宣仁『キャリア官僚採用・人事のからくり　激変する「出世レース」』中央公論新社　2015
北岡伸一『国連の政治力学　日本はどこにいるのか』中央公論新社　2007
久保田勇夫『新装版・役人道入門　組織人のためのメソッド』中央公論新社　2018
熊田忠雄『お殿様、外交官になる　明治政府のサプライズ人事』祥伝社　2017
栗山尚一『戦後日本外交　軌跡と課題』岩波書店　2016
ジョージ・ケナン『アメリカ外交50年』岩波書店　2000
近衛文麿『最後の御前会議　戦後欧米見聞録　近衛文麿手記集成』中央公論新社　2015
斎藤鎮男『外交　私の体験と教訓』サイマル出版会　1991
斉藤孝『戦間期国際政治史』岩波書店　2015
斎藤兆史『英語達人列伝　あっぱれ、日本人の英語』中央公論新社　2000
佐々木雄一『陸奥宗光　「日本外交の祖」の生涯――』中央公論新社　2018
佐藤優『官僚の掟　競争なき「特権階級」の実態』朝日新聞出版　2018

重光葵『昭和の動乱』（上・下）中央公論社　1952
重光葵『外交回想録』中央公論新社　2011
幣原喜重郎『外交五十年』中央公論社　1987
清水唯一朗『近代日本の官僚　維新官僚から学歴エリートへ』中央公論新社　2013
受験新報編集部『外交官試験問題集　1984年版』法学書院　1983
鈴木健二『在外武官物語』芙蓉書房　1979
鈴木荘一『昭和の宰相近衛文麿の悲劇　外務省興亜派の戦争責任』勉誠出版　2019
鈴木美勝『日本の戦略外交』筑摩書房　2017
高嶋直人『読めば差がつく！　若手公務員の作法』ぎょうせい　2017
田中均『日本外交の挑戦』KADOKAWA　2015
徳川宗英『江田島海軍兵学校　世界最高の教育機関』KADOKAWA　2015
戸部良一『外務省革新派　世界新秩序の幻影』中央公論新社　2010
戸部良一『日本陸軍と中国　「支那通」にみる夢と蹉跌』講談社　1999
永野信利『外務省研究　日本外交―失態・実態と実績分析』サイマル出版会　1975
永野信利『新版・日本外交のすべて』行政問題研究所出版局　1989
西春彦『回想の日本外交』岩波書店　1965
ハロルド・ニコルソン『外交』東大出版会　1968
リデル・ハート『戦略論　間接的アプローチ』原書房　1986
波多野澄雄編著『日本外交の150年　幕末・維新から平成まで』日本外交協会　2019
服部龍二『広田弘毅　「悲劇の宰相」の実像』中央公論新社　2008
英正道『回想の外交官生活』グッドタイム出版　2019
原敬全集刊行会編『原敬全集』（上巻）（明治百年史叢書第93巻）原書房　1969

デイビッド・ハルバースタム『ベスト&ブライテスト』サイマル出版会　１９７６
樋口正士『藪のかなた　駐華公使・佐分利貞男変死事件』グッドタイム出版　２０１４
古川貞二郎『霞が関半生記　５人の総理を支えて』佐賀新聞社　２００５
法学書院編集部編『公務員の仕事シリーズ　外交官の仕事がわかる本』（改訂第3版）法学書院　２０１５
細谷雄一『外交　多文明時代の対話と交渉』有斐閣　２００７
松永信雄『ある外交官の回想　日本外交の五十年を語る』日本経済新聞社　２００２
松本重治『上海時代　ジャーナリストの回想』（上・中・下）中央公論社　１９７４・１９７５
松本重治『近衛時代　ジャーナリストの回想』（上・下）中央公論社　１９８６・１９８７
松本重治『昭和史への一証言』毎日新聞社　１９８６
水谷三公『官僚の風貌』中央公論新社　１９９９
宮家邦彦『ハイブリッド外交官の仕事術』ＰＨＰ研究所　２０１６
三輪公忠『松岡洋右　その人間と外交』中央公論社　１９７１
陸奥宗光『新訂蹇蹇録　日清戦争外交秘録』岩波書店　１９８３
村田良平『村田良平回想録』（上・下）ミネルヴァ書房　２００８
村田良平『なぜ外務省はダメになったか　甦れ、日本外交』扶桑社　２００２
アーネスト・メイ『歴史の教訓　アメリカ外交はどう作られたか』岩波書店　２００４
ハンス・モーゲンソー『国際政治　権力と平和』福村出版　１９９８
百瀬孝『事典昭和戦前期の日本　制度と実態』吉川弘文館　１９９０
森島守人『陰謀・暗殺・軍刀　一外交官の回想』岩波書店　１９５０
薬師寺克行『外務省―外交力強化への道―』岩波書店　２００３
矢田部厚彦『職業としての外交官』文藝春秋　２００２
谷内正太郎『外交の戦略と志　前外務事務次官谷内正太郎は語る』産経新聞出版　２００９

柳淳『外交入門　国際社会の作法と思考』時事通信社　２０１４
山田文比古『外交とは何か　パワーか／知恵か?』法律文化社　２０１５
芳澤謙吉『外交六十年』中央公論社　１９９０
吉田健一『父のこと』中央公論新社　２０１７
吉田茂『大磯随想・世界と日本』中央公論新社　２０１５
吉田茂『回想十年』(下)中央公論新社　２０１５
吉田茂『新版・回想十年』毎日ワンズ　２０１２

(雑誌)
「外交フォーラム」
竹内春久「陸奥宗光像の１００年」２００２年9月号
竹内春久「デニソン像と明治の面影」２００２年10月号
竹内春久「消えたデニソン肖像画」２００２年11月号
竹内春久「戦禍を生きのびた本」２００２年12月号
「行政研修ジャーナル」
「公務員研修所創立60周年を迎えて」No.50　２０１９年

(その他、各関係機関・団体のウェブサイト等を参照した)

本文図版制作　デザイン・プレイス・デマンド

片山和之（かたやまかずゆき）

1960年、広島県生まれ。'83年、京都大学法学部を卒業し、外務省入省。香港中文大学、北京語言学院、北京大学、スタンフォード大学に留学し、'87年、ハーバード大学大学院修士号取得（MA地域研究）、2011年、マラヤ大学大学院博士号取得（Ph.D国際関係論）。外務省中国課首席事務官、内閣官房副長官（事務）秘書官、大使館一等書記官（中国）、参事官（米国）、国際エネルギー課長、文化交流課長、次席公使（マレーシア）、経済公使（中国）、次席公使（ベルギー）、デトロイト総領事、上海総領事等を経て、'19年、外務省研修所長（大使）に就任。日本国際政治学会会員。

歴史秘話《れきしひわ》　外務省研修所《がいむしょうけんしゅうじょ》　知《し》られざる歩《あゆ》みと実態《じったい》

2020年5月30日初版1刷発行

著　者 —— 片山和之
発行者 —— 田邉浩司
装　幀 —— アラン・チャン
印刷所 —— 堀内印刷
製本所 —— 国宝社
発行所 —— 株式会社光文社
東京都文京区音羽1-16-6（〒112-8011）
https://www.kobunsha.com/
電　話 —— 編集部03(5395)8289　書籍販売部03(5395)8116
業務部03(5395)8125
メール —— sinsyo@kobunsha.com

 ISBN 978-4-334-04434-3

1055

搾取される研究者たち

産学共同研究の失敗学

山田剛志

突然届いた特許の「権利放棄書」、企業からの無理難題、研究者を守らない大学、心を病む助教、院生、学生……。産学共同研究政策は、研究者のためになっているのか？

978-4-334-04465-7

1056

芸術的創造は脳のどこから産まれるか？

大黒達也

創造性とは何か？ 脳科学や計算論、人工知能に関する膨大な論文を通じて、「天からの啓示」とされる閃きのメカニズムを解析。カギは「脳の潜在記憶」にあった。

978-4-334-04466-4

1057

「自分らしく生きて死ぬ」ことがなぜ、難しいのか

行き詰まる「地域包括ケアシステム」の未来

野村晋

何が「地域包括ケア」の実現を不可能にしているのか。現役厚労官僚が柏市や岡山市での実践を基に具体的な行政手法を紹介。自治体や医療・福祉関係者、企業や市民に次の一歩を促す。

978-4-334-04467-1

1058

ぼくが見つけたいじめを克服する方法

日本の空気、体質を変える

岩田健太郎

自らもいじめられっ子だったという著者が、数々の経験の末に導き出した克服法とは。ダイヤモンド・プリンセス号の告発で注目の感染症医による、同調圧力を打ち破るための一冊。

978-4-334-04474-9

1059

ホークス3軍はなぜ成功したのか？

才能を見抜き、開花させる育成力

喜瀬雅則

千賀滉大、甲斐拓也、牧原大成、石川柊太、周東佑京、大竹耕太郎——なぜホークスだけが3軍制で大成功を収めたのか？ 多くの選手・関係者への取材を元に解き明かす。

978-4-334-04470-1

1060
長生き食事術
管理栄養士が伝える
人生100年時代の「新・栄養学」入門
麻生れいみ
「食」を変えればカラダと人生が変わる――。明日の健康を手に入れる、未来の病気のリスクを減らすための「日常生活で何をどう食べるか」。シーン別の食事マネジメント術も公開。
978-4-334-04471-8

1061
深宇宙ニュートリノの発見
宇宙の巨大なエンジンからの使者
吉田滋
南極点の氷河に突き刺さった「宇宙からの使者」とは？ 日本の物理学分野の最高峰・仁科記念賞を受賞した著者による、「高エネルギーニュートリノ」の発見をめぐるスリリングな物語。
978-4-334-04472-5

1062
データ・リテラシー
フェイクニュース時代を生き抜く
マーティン・ファクラー
虚偽に流され情報の蛸壺に陥らない方法をNYタイムズ元記者が指南。V字回復した同社にメディア再興の道も探る。日本の新聞は権力を離れて調査報道に注力し、紙信仰を捨てよ！
978-4-334-04473-2

1063
業界破壊企業
第二のGAFAを狙う革新者たち
斉藤徹
アマゾン、ウーバーなどに代表される、業界秩序や商習慣にとらわれず、斬新なビジネスモデルやテクノロジーによって、業界で〝一人勝ち〟する企業を一挙紹介。【大前研一氏、推薦】
978-4-334-04475-6

1064
外務省研修所
歴史秘話
知られざる歩みと実態
片山和之
外交官・人間としての「7つの美徳」と『勘』の養い方」とは？ 華やかな外交の表舞台の対極に位置し、国家の命運をも左右しかねない「黒子の存在」を、現役の所長が初めて綴る。
978-4-334-04434-3

1065
笑わせる技術
世界は9つの笑いでできている
西条みつとし

「共感」「自虐」「裏切り」「安心」「期待」「無茶」「発想」「リアクション」「キャラクター」――日常会話から合コン、商談、スピーチ、お笑いのプロを目指す人まで使える新教科書。

978-4-334-04459-6

1066
「高学歴ワーキングプア」からの脱出
水月昭道

『高学歴ワーキングプア』刊行から13年、研究者であり僧侶でもある著者が、紆余曲折ありながらも行き着いた境地とは？　元ポスドク、前野 ウルド 浩太郎氏との対談を収録。

978-4-334-04476-3

1067
日本の少子化対策はなぜ失敗したのか？
結婚・出産が回避される本当の原因
山田昌弘

1・57ショックから30年、出生率の低迷が続く日本。家族社会学者である著者が、少子化対策の的外れだった点を分析。いま直視すべき、日本に特有の傾向・意識、そして変化とは？

978-4-334-04468-8

1068
炎上ＣＭでよみとくジェンダー論
瀬地山角

炎上する広告には必ず理由があり、近年その多くがジェンダーへの無理解を背景としている。炎上の構造を4つの象限で捉え直す、東大名物講義の「番外編」。

978-4-334-04469-5

1069
日本の映画産業を殺すクールジャパンマネー
経産官僚の暴走と歪められる公文書管理
ヒロ・マスダ

「日本再生の柱」と叫ばれたクールジャパン政策はなぜ失敗したのか？　現役映画プロデューサーが官民の腐敗と怠慢を暴くとともに、「現場」に効く改革案を提言する。

978-4-334-04448-0